JN171200

世界史の逆襲

ウェストファリア・華夷秩序・ダーイシュ

駐シリア臨時代理大使
松本太

講談社

「……ときどき、目の前の宇宙がこなごなになるようなことではなく、潮の打ち寄せるのに合わせて、いつものようにこちらの石のかけらやあちらの芝土がおちるくらいであってほしい、と思うことがあります――でもこの頃はそのたびにしぶきがはねかえるのがひどく気になりますが。……この大混乱が未曾有のものとは申しませんが、私の見るところでは、これほどのひどさはひょっとするとローマ帝国崩壊以来のことではないかと勝手に考えております……」

（一九二〇年のガートルード・ベルの手紙より）[1]

まえがき　騒々しい夜会への招待

　ある日突然、次のように告げられたら、あなたはどうするでしょうか。あなたのまわりの風景はとたんに間違いなく違って見えるでしょう。

「すでに『戦争』ははじまっている。もはや『平和』はどこにもないのだ」

　残念ながら、あなたに告げる必要があります。これは真実なのだと。

　そうなのです。かつての平和はもはや存在しません。確実に。そして、あふれるばかりに新たな戦闘の狼煙（のろし）がそこかしこであがっています。これを戦争のはじまりと呼ばずして、何と呼ぶのでしょうか。でも安心してほしいのです。幸か不幸か、あなたが思い描く「戦争と平和」は、実際の「戦争と平和」とはずいぶん異なるのだから。

　私たちが生きている「平和」は、かつての平和とは決定的に異なります。同じように今私たちの眼前で展開されている「戦争」もまた、私たちが思い描いていたようなかつての戦争ではないのです。

戦争と平和の間に横たわる大きな溝について、そろそろ真剣に考える時がきたのではないでしょうか。なぜなら、世界に広がりつつある戦争と平和をめぐる景色が、私たちが戦後ずっと思い込んできた、かつてあったはずのそれとは異なってしまっているからです。

私たちが平和と思い込んでいる現実に重く立ちこめている霧をようやく払いのけて、私たちは真実を見つめねばなりません。イギリスの軍事史の泰斗マイケル・ハワード元教授は、平和な時代から次の戦争へと向かう状況を霧のかかった海での航海に譬えました。

あなたには前回の戦争の確固たるイメージがあります。その戦争の経験からあなたは想像するのです。**戦争から遠ざかれば遠ざかるほど、その想像は間違いを犯しやすくなります。なぜなら、ほとんどの期間、最後の瞬間になるまであなたは「平和の霧（フォグ・オブ・ピース）」の中を航海しているからです。**そして突如霧が晴れ、すぐそこに陸地が現れるのです。その時——おそらく手遅れになって——ようやくあなたは自分が正しかったのか、そうではなかったのか悟ることになるのです。[2]

現代の戦争と平和とは何なのでしょうか。それは国際政治秩序の変貌を探ることとも同意義です。すこしばかり長い間、私たちは過去の先入観にとらわれすぎてきたのではないでしょうか。この島国のみに残る、第二次世界大戦以降ずっと続く思い込みに。

私たちは皆、戦後七〇年の長きにわたって、新たな戦争は平和を願う私たちとはいささかも関係ないと思い込もうとしてきたのです。冷戦後むしろ拡大している、中東やアフリカで続く紛争も、どこか遠くで起きている他人事にすぎないと。そして今、私たちの世界を支えてきた確かなものが崩れ去らんとしていることに、あなたの目を背けて。

一八〇五年六月、ロシアの皇太后マリヤ・フョードロヴナに仕える女官アンナ・パーヴロヴナ・シェーレルの夜会に、一番乗りしたワシーリイ公爵に彼女が語りかけた言葉からはじめましょう。

「ねえ、公爵（Eh bien, mon prince）。ジェノヴァもルッカもボナパルト家の領地同様になってしまいましたわ。**私前もってはっきり申しておきますが、もしあなたが我が国が戦争状態にあることを否定なさったり、あの反キリストの**（ええ、私ほんとうにそう信じておりますの）**醜悪な行為や残虐な所業を弁護したりなさるなら——私もうあなたと絶交いたします。**あなたはもう御自分でおっしゃるように、私の親友でもなければ忠実な奴隷でもありませんわ。でもまあ、よくいらっしゃいました。私どうやら、あなたをびっくりさせたようでございますね。さあ、おかけになってお話し下さいませ」[3]

ご存知のとおり、トルストイの大作『戦争と平和』の冒頭です。

ナポレオン率いるフランスとオーストリア・ロシア連合軍とのアウステルリッツの戦いが、この年の冬に迫る中で、サンクトペテルブルグの夜会に集まった人々の会話が延々と繰り広げられます。あたかも戦争など起きていないかのように。
「おからだのおかげんはいかがですか」と言う、礼儀と同情のかげに隠された嘲笑の響きの漂う客人の問いかけへの、女主人アンナの言葉を繰り返しましょう。

「どうして気分がよくていられましょう……こんなに精神的に苦しんでいるんですもの。誰でも感情というものがあるならば、今の世の中に平気でいられるはずがございません。今夜はずっといて下さいますでしょうね？」

ようこそいらっしゃいました。招かれたあなたには、本当の戦争と平和について真剣な答えを見つけることが求められる、この騒々しい夜会に。風邪にかかったこの女主人が自問するように、この夜会をはじめましょう。

今、世界の至るところで熾烈な戦いが行われています。
中東では権威主義的な体制に倦んで、民衆革命の中で民主化を求めたアラブの若者たちは、予想もつかなかった大きな混乱を前に途方にくれようとしています。激しい内戦が展開されるイラク、シリア、リビア、そしてイエメンにおいては、国民や国土に対する中央政府の統治能力が弱体化するばかりか、国家体制そのものが風前の灯のように消えようとしています。

ウクライナでは当事者の宣戦布告もないままに、事実上の戦争が勃発し、結果として国土が分断され、その既成事実化が続いています。それもウクライナの人々にとっては、紛れもない戦争であるのに、この戦争が誰によって起こされているのかまるで分からないという不可思議な戦争なのです。

東アジアでは、大国にならんとする国家の急速な軍事力の近代化と積極的な海洋進出が、今や大きな津波となって、東シナ海や南シナ海においてアジア諸国を次々に襲おうとしています。あたかも平和と繁栄が続いているように見える中で、国際社会の基礎をなす法の支配が、為す術もなくこれほど容易に崩れ去りうることを、私たちはいまだ十分に受け止められないでいます。

平和な暮らしをおくるあなたは、戦争にいささかも関心がないかもしれません。しかし、この新しい戦争のほうが、あなたに迫ってきているのです。[4] そこから逃れる術は誰にもありません。そして、塹壕にこもることも許されないでしょう。なぜなら、二一世紀の戦争は、あなたが隠れている塹壕にも忍び寄り、平和があったはずの地球上のあらゆる場所を食らい尽くそうとしているからです。

冷戦終結後の一九九三年、ジェームズ・ウールジーはＣＩＡ長官就任にあたって米国議会公聴会で次のとおり語りました。

「我々は大きな龍を退治した。しかし、今や我々は驚くほどの種類の毒蛇で満たされたジャングルにいる」

それから二〇年以上がすぎた現在、私たちは、もはや小さな毒蛇ではなく、巨大な竜や複数の大蛇に囲まれようとしています。今こそ、現代のリヴァイアサン（海の怪獣）とビヒモス（陸の怪獣）が戦う鬨（とき）の声に耳を澄ます必要があります。世界の秩序がどのように破壊されようとしているのか問いかけてみようではありませんか。そうでなければ、その先にあるはずの平和を回復することもできないのですから。

まず、このような容赦のない世界を私たちが生き抜くためには、今、どのような戦いがいかに行われているのか、その姿を明らかにする必要があります。そうすることによってのみ、変化の中にあっても変わらないものがあることに初めて気づくでしょう。そして、この戦いをサバイバルするために、私たちを導いてくれる確かな羅針盤を見つけねばならないのです。

---

1 Elizabeth Burgoyne, Gertrude Bell:From Her Personal Papers, 1914-1926

2 Michael Howard MC, FBA & Major-General A. J. Wilson In the Chair CBE, MC, "Military Science in an Age of Peace", The RUSI Journal, Volume 119, Issue 1, 1974

3 トルストイ『戦争と平和（上）』、東海大学出版会、一九七八年、北御門二郎訳を参考の上、筆者による翻訳

4「あなたは弁証法には関心がないかもしれないが、弁証法のほうこそあなたに関心を持っている」とトロツキーが述べたが、これを国際政治学者マイケル・ウォルツァーは「あなたは戦争に関心がないかもしれないが、戦争があなたに関心を持っている」と言い換えた。マイケル・ウォルツァー『正しい戦争と不正な戦争』、萩原能久監訳、風行社、二〇〇八年、九六頁

目次

装幀：小口翔平（tobufune）

カバー画：1648年5月15日、ウェストファリアのミュンスター市庁舎大広間で行われた「ミュンスター条約批准の宣誓式」(ヘラルト・テル・ボルフ画)
(写真：Bridgeman Images／アフロ)

第一部

万人の万人に対する戦い

第一章　かつての戦争の消滅と新たな戦争の始まり

マッカーサーの悟り

かつての「戦争」がもうなくなってしまったことを、最も早く悟ったのは、実はダグラス・マッカーサー元帥でした。

七〇年前の八月六日に広島へ原爆が投下された二日後に、マニラの司令部にいたダグラス・マッカーサーは、後にピュリッツァー賞を受賞した気鋭のジャーナリスト、セオドア・ホワイトに次のように語ったのです。

「ホワイト君、これがどういう意味なのか、わかるかね」

「どういうことでしょう」

「**あらゆる戦争は終わったのだよ**。戦争はもはや勇気や判断にかかわる問題ではなくなったのだ。戦争は学者や科学者の手に委ねられたのだ。私のような男はもう役立たずだ。ホワイト君、もう戦争は起こらないだろう。もう戦争はないのだ（ノー・モア・ウォーズ）[1]」

私たちの周りで、戦争がそれなりにリアルなものとして存在していたのは、せいぜいベトナム戦争までだったのではないでしょうか。ベトナム戦争が終わりを告げた一九七五年以降、私たちの心の中には、もはや「かつての戦争」はなくなってしまったのです。

一九八〇年代のイラン・イラク戦争も遠い中東での出来事にすぎなかったのです。一九九一年の湾岸戦争や二〇〇三年のイラク戦争ですら、私たちのこうした心象を根底から変えることはなかったのではないでしょうか。また、冷戦後に顕著となった、国連による平和維持活動や人道支援活動への参加は、他者の紛争の予防や、弱者への支援といった国際貢献という枠組みを超えるものではなかったのです。

私たちが島国の中で内々の思考に閉じこもっている間にも、世界はめまぐるしく変化し続けています。ところが私たちには、かつての戦争が現在の戦争へと変化をとげつつあることの意味が、さっぱり理解できないままだったのです。

あなたが戦争に反対する時、どのような戦争のことを話そうとしているのか、どうか丁寧に説明してほしいのです。そうでなければ戦争をめぐるわたしたちの対話は、出口のない袋小路に迷い込むばかりだからです。

第一次世界大戦や第二次世界大戦で見られたような、主権国家による総力戦からなる大規模な戦争は、もはやその姿を消しています。それは、米ソ冷戦下の一九六〇年代に核兵器による相互確証破壊（Mutual Assured Destruction, ＭＡＤ）の理論が成立して以降、決定的となりました。

米国とソ連による大量の核兵器と、長距離運搬システムの存在を前提にして、大多数の国民の生命ばかりではなく、地球上の人類の生命すべてを犠牲にしてまで戦うことの不合理が露わになったのです。それは恐怖の均衡による平和であり、文字通り狂気（ＭＡＤ）の世界です。結局、一九八九年まで続いた東西冷戦は、かつてのような総力戦による戦争を不可能にしてしまったのです。

しかし皮肉なことに、その結果、新たな事態が生じることとなりました。すなわち、米ソ以外のアクターによる間接的な代理戦争が展開し、核兵器より余程低いレベルの低強度紛争がここかしこで勃発したのです。この点で、リデルハートが述べた次の言葉を想起する必要があるでしょう。

今や、原子の抑止力は、分かりきった線に沿っての直接行動を抑止する効果を発揮しているため、それは却って侵略者側の戦略の巧妙化を助長する結果を招いている。[2]

冷戦の終結した一九九一年という早い時期に、イスラエルの軍事史学者マーチン・ファン・クレフェルトは、かつてクラウゼヴィッツがその『戦争論』で唱えたような、ウェストファリア条約以降の過去三世紀半にわたって経験した国家、政府、国民の三位一体によって戦われる主権国家による組織的な、かつての戦争が消滅していることを強調しました。[3]

すなわち、現代の戦争が「非三位一体」であることをいみじくも指摘したのです。第二次世界大戦以降、今日までの戦争のほとんどは、クラウゼヴィッツが述べた政治目的のための国家による戦争ではなくなり、非政治的な低強度紛争であったのです。

冷戦終結後には、旧ユーゴやイラクなどで民族主義や宗教的理由などに基づいて、いくつもの国家で内戦が起こり、また、アルカーイダによる9・11同時多発テロのように非対称的な攻撃が一層顕著となりました。

これに対して、国際社会が旧ユーゴに武力をもって介入したことは、人道的介入との見方もなされ、新たな国際法上の位置づけにさまざまな議論が噴出しました。コソボ紛争における北大西洋条約機構（NATO）の空爆は、人道上の危機に瀕した人々を守るためには内政不干渉の原則に反しても、国際社会が介入すべきであるとの考えを提起したのです。この結果、近年では「保護する責任」（Responsibility to Protect）という新しい概念が登場しました。二〇一一年三月には、民衆の蜂起が起きたリビア情勢に関して、「保護する責任」に基づいて武力行使を認めたとも考えられる安保理決議一九七三号が国連安保理で採択されています。

一方、米国を中心とする多国籍軍による二〇〇三年のイラクに対する武力行使については、先制攻撃（preemptive strike）の法理論を含めさまざまな議論がありました。

湾岸戦争で英国陸軍第一機甲師団を率いたルパート・スミス将軍は、もはやかつての戦争が存在しなくなったことを、湾岸戦争やコソボ紛争における自らの経験をもとに次のように指摘しています。

戦争はもはや存在しません。対立、紛争、戦闘は疑いなく世界のあらゆるところに存在しています。……国家は権力の象徴として使える軍事力を依然として保有しています。しかしながら、ほとんどの一般市民が経験的に知っている戦争、すなわち、**人と兵器の間にある戦場での戦闘としての戦争、国際的な紛争を決する——大事件としての戦争——こうした戦争はもはや存在しないのです。**[4]

スミス将軍のような戦争のプロフェッショナルも、かつての国家間で戦われる、伝統的な戦争という姿が存在しなくなってしまったことを自らの経験から強く感じています。

冷戦終結以降に顕著となった、民族主義の高揚を背景とする内戦や、過激な原理主義思想に基づくテロ行為、それらに対する国際社会による人道目的のための武力介入のいずれもが、かつての主権国家によって行われた古典的な総力戦とは、まったくかけ離れた性質を帯びるようになったことは、誰の目にも明らかでしょう。

たとえば、国連平和維持軍の活動（ＰＫＯ）ほど、そのような戦争と平和の間に横たわる紛争というグレーゾーンにおかれてきたものはないことは疑いえません。世紀の変わり目から八年にわたって国連ＰＫＯ局を率いたジャン・マリー・ゲーノ前国連ＰＫＯ担当事務次長も、「戦争と平和の境がかつてほど明確ではなくなってしまったように見える」と指摘しています。[5]

五つの戦闘空間

それでは、このような変化はいかにして生じたのでしょうか。この背景には三つの大きな理由があります。すなわち、①軍事技術の発展、②国際法の変遷、③非国家主体の台頭です。

第一の軍事技術の発展は、もっとも分かりやすい点でしょう。

第一次世界大戦と第二次世界大戦の戦間期には、ドイツのブリックリーク、すなわち電撃戦に代表されるような機械化されたエアー・ランド作戦や長距離爆撃機の登場がありました。

そして、第二次世界大戦末期に核兵器が広島、長崎で使用されたことはその後の戦争すべてを変えてしまいました。冷戦期においては地球人類の絶滅という究極の恐怖の中で、核兵器が戦争そのものを不可能にしたのです。それは、一九六二年一〇月のキューバ危機の際に、ケネディとフルシチョフがワシントンとモスクワで感じた恐怖です。キューバ危機は、国家の政治指導者にとっても、世界の滅亡の引き金を自らが引くという選択をとることができなかったことを端的に示しています。

湾岸戦争においては、はじめて精密誘導装置による戦闘が本格的に導入され、米国を中心とする有志連合軍の人的被害は格段に最小限化されました。ボスニアでの戦闘を嚆矢(こうし)に、アフガニスタンやイラク、その他の対テロ戦争では、無人機による攻撃も現実化しました。

ちょうど一三年前のイラク戦争で米軍に導入されたばかりの無人機の数が数えるほどであったのに、現在では米軍の航空用無人機は七〇〇〇を、地上用の無人機は一万二〇〇〇を超えているといいます。たとえば、アフガニスタンやイラクでは、アイロボット社製の爆弾偵察ロボットの「パックボット」が活用されています。また、米国海兵隊の戦闘実験所では、キネティック社製の機関銃とカメラを装備した、実戦向けの遠隔操作ロボットも実験されています。

無人機やロボットの導入は、戦争の戦術面での変化にとどまらないインパクトをもたらしつつあります。無人機による戦争で味方の人的被害を一切懸念する必要がなくなったことは、標的を絞った対テロ作戦に限りなく近い、新たな装いの戦争が無限に拡大していく可能性をもたらしたのです。そこでは、リアルタイムで戦闘を遠隔地からコントロールすることによって、味方の人的被害が最小限化したのです。近未来には、無人機が人工知能を備えるようになれば、戦闘において人間が果たす役割は一層少なくなることは間違いありません。

二〇一五年五月九日にモスクワで行われた戦勝七〇周年記念パレードに登場した、ロシアの「T14アルマータ」と呼ばれる最新型の戦車には、遠隔操作される無人砲塔が装備されることになっています。アルマータは隔離された区画に位置する搭乗員によって操作されることもできるハイブリッド型の戦車です。最終的には完全にロボット化された戦車となることが期待されています。また、英国のBAEシステムズで実験されている「タラニス」は空のロボット兵器になるでしょう。この次世代の無人航空機はステルス性能ばかりではなく、標的を自動的に選択するシステムまで装備されることが予定されており、完成したあかつきには偵察から攻撃まで一貫して自動的に行われることになるからです。

すなわち、乗員が乗り込む戦車による地上戦も、また、パイロットが操る航空機による戦闘も、そのほとんどがオートメーション化される可能性が高いのです。『マトリックス』のような映画でしか見られなかった「マシーン」による戦争が、急速に現実化しているのです。

さらに、サイバー空間におけるネットワーク中心部で起きている戦争は、これまでの陸、海、空という地球上におけるリアルな戦争をはるかに越えて、ヴァーチャルな際限のない空間に拡がろうとしています。また、近年の中国による宇宙空間における対衛星攻撃兵器（Anti-Satellite Weapon）の実験が象徴する宇宙空間での軍事競争は、宇宙空間をすでに戦闘空間に変えようとしています。

今や従来の陸上、海上、上空という三つの空間に、宇宙空間とサイバー空間を加えて、五つの空間で戦いが行われるようになっています。このため、現代の軍事組織においては、陸軍や海軍、空軍といった異なる軍種間における相互運用性、すなわちインターオペラビリティの重要性が、かつてないほどに強調されています。このような軍事及び民間の技術革命は、戦争の様態を根底から変えてきたのです。

戦争の非合法化

第二に、もう一つの理由である国際法の変遷を見てみましょう。

最初に、第一次世界大戦以降、国際連盟の創設が、戦争違法化の動きを加速したことがあげられます。特に、一九二八年の不戦条約をもって、「国家の政策の手段としての戦争」、いわゆる侵略戦争が違法化されました。

もっとも、この不戦条約においては、自衛戦争は条約の適用範囲外とされました。このため、侵略戦争と自衛戦争が具体的にいかに異なるかという法的議論は、ニュルンベルク裁判や東京裁判でも議論となり、第二次世界大戦以降も長らく続くこととなったのです。

現在、国際法上、武力の行使が許容されるのは、集団安全保障措置としての国連憲章第七章第四二条の規定による強制措置の場合か、国連憲章第五一条に定められる主権国家による個別的・集団的自衛権に基づくもののいずれかでしかありません。

前者の第四二条においては、国連安全保障理事会が、非軍事的措置が不十分と判断する場合には、国際の平和及び安全の維持又は回復に必要な空軍、海軍又は陸軍の行動をとることができると定められています。

後者の第五一条においても、主権国家が自衛権の行使を認められるのは、国連安全保障理事会が国際平和及び安全の維持に必要な措置をとるまでの間に限られており、いずれも武力の行使要件を限定しています。さらに言えば、武力行使の可否は、国連安全保障理事会常任理事国の意見の一致が前提となる以上、国連憲章第七章第四二条の実効性は、冷戦勃発以降、長らく失われていることも指摘できます。

このため冷戦下においては、国連を中心とする集団安全保障の枠組みの実質的な欠如に対応するため、北大西洋条約機構（ＮＡＴＯ）に代表されるような地域的な同盟体制が強化されてきました。これらの同盟体制は、国連憲章第五一条の集団的自衛権を引用しつつ、その法的地位を明らかにしたのです。

「侵略」の定義が国際的に定まらないことから、侵略戦争と自衛戦争の区別が容易ではないという法的な問題は、一九七四年に国際連合総会が侵略の定義に関する決議を採択すると、ようやく曲がり角を迎えます。同決議の広範な規定によって、いかなる武力行使が侵略とされるのかが明らかになったのです。

この決議によれば、「侵略は、国家による他国の主権、領土的保全、または政治的独立に対する、もしくはこの定義に述べられているような国際連合憲章と一致しない他のいかなる方法にもよる武力の行使である」（第一条）とされました。また、第三条において、侵略とみなされる具体的な行為が例示的に列挙されるとともに、第四条において、第三条の行為以外にも、安全保障理事会が、憲章の諸規定に基づいて侵略行為であるか否かを決定することができるとされています。

無論、この決議自体は、総会決議であって、いかなる法的義務も国連加盟国に生じません。その効果は厳密には勧告的意味にとどまっています。このため、現在に至るまで侵略の定義が国際法上定まっていないと言われ続けているのです。しかし、この決議は、そのような法的性格にもかかわらず、国連安保理も無視することができないものであり、国際世論の非難を意識せざるをえない主権国家の行動にとって、極めて大きな負担を課すことになったことは間違いありません。

このように戦間期から第二次世界大戦を経て、現在まで続く国際法の発展は、かつて存在した戦争を、ほとんど非合法化してしまいました。

一方、一九九一年の多国籍軍によるイラクに対する湾岸戦争では、国連憲章第七章によって米国を中心とする多国籍軍に対して「必要なあらゆる手段をとること」を授権された上で行われた、新たな形態の武力行使でした。この方式は、冷戦後、国際社会による武力行使を合法化する新しい方式となります。

また、一九九九年のNATOによるコソボなどへの空爆は、「人道的介入」という極めて議論の多い武力行使のあり方を提起することになりました。この空爆には、国連安保理常任理国のロシアや中国の強い反対があったために、NATOによる武力行使が、国連により明示的な形で承認されないままに、欧米諸国による人道的介入という主張に沿って実施されることになったわけです。

当時、この空爆には、セルビア側による民族浄化を阻止する上で十分な政治的妥当性はあったとしても、厳密には法的正当性はなかったと言わざるを得ないでしょう。結局、国連安保理常任理事国のいずれかが、紛争当事者のいずれかを支持する国際政治状況にある場合には、国連安保理が授権する武力行使も法的には行いえないのです。

すなわち、イラクによるクウェート侵攻という稀な事例を除けば、一〇〇年近くを経て発展してきた国際的な規範の下では、まっとうな主権国家であればそもそもかつてのような戦争を行うことはなく、また国際法上、自衛権や安保理の授権に基づくものを除き、武力行使＝戦争を合法的に主権国家が遂行する余地もほとんど残されていないわけです。

非国家主体による戦争

第三に、冷戦後、顕著に台頭した非国家主体もまた、かつての戦争の態様を根本から変えつつあります。

特に一九九〇年代の旧ユーゴ紛争における、セルビアの民族主義運動との戦いはその典型です。たとえば、「新しい戦争」（New Wars）という概念を最初に提示したメアリー・カルドーは、冷戦期のイデオロギー的な目的に代わって、この新しい戦争においては、アイデンティティ・ポリティックスが中心を占めるようになり、特定の民族、部族、もしくは言語的なアイデンティティを基盤にして闘争が行われるようになったと指摘しています。そのような戦争では、結局、住民の追放や大量殺戮といった手段を通じて、いわゆる民族浄化が究極の目標となりました。

非国家主体による新しい戦争の典型的な例としては、二〇〇六年のイスラエルとレバノンのヒズボッラーによる戦争があげられます。イスラエルの正規軍との間で非対称戦を演じたヒズボッラーは、イスラエルを散々な目にあわせています。ヒズボッラーは、これまでのテロリストのような小規模な組織ではなく、国家の軍隊に限りなく近い訓練された軍事力、それも洗練された非対称能力を有しています。

イスラエル人の兵士二人の誘拐に端を発したこの戦争では、ヒズボッラーはロシア及び中国製のさまざまな通常兵器と精密なミサイルをイスラエルの都市に浴びせ、民間人四三人の死者と四二六二人の負傷者を出しました。また、その際に行われたと見られるヒズボッラーによる情報戦はさらに興味深いものでした。イスラエル軍の無線システムの傍受や、コンピューター・ネットワークへの侵入といった攻撃も行われたのです。

さらに、アルカーイダやダーイシュ（いわゆる「イスラム国」）などの組織的な運動としてのサラフィー・ジハード主義者たちの登場は、非国家主体による最も新しい戦闘のあり方を提示しています。

大規模な航空テロや同時多発テロなどの非対称作戦を多用し、世界の人々に恐怖を与え続けてきたアルカーイダに対しては、情報活動を通じた封じ込めと、無人機による空爆、特殊部隊による指導層の標的化など、あらゆる対テロ作戦が実行されてきました。ダーイシュは、ムスリムが存在する地球上のすべてにカリフ制に基づくイスラム世界を打ち立てることを御旗として、あらゆる非対称的な戦いを繰り広げています。イスラム主義者との戦いは、これまでの対テロ戦争や対反乱作戦の枠組みには収まりきらない、新たな戦争の始まりを予兆しています。

シリアで戦われている紛争も、過去の戦争といささか異なる様相を見せています。

二〇一一年春に平和的な政治改革を求める運動として始まった「シリア革命」は、体制側による武力行使を通じた反体制派の徹底した封じ込めにより、自由シリア軍などの反体制武装組織と体制側による暴力的な内戦へと突入しました。しかし時とともに、近隣諸国の支援やヌスラ戦線及びダーイシュの登場によって、内戦は、次第に過激な宗派性をおびた代理戦争へと発展しています。

そこでは、過激なイスラム主義者の間でも、ヌスラ戦線とダーイシュがイスラムの覇権をめぐって共に戦い、アサド体制はそのような混乱に乗じて反体制側への継続的な攻撃を続けています。そのアサド体制を支援するイランやヒズボッラーなどのシーア派勢力が一層の関与を強めれば強めるほど、サウジアラビアなどの地域のスンニ派諸国の恐怖を煽り、イスラム主義勢力も含む反体制派へのスンニ派諸国による更なる支援がシリア国内の宗派対立を過激化するという悪循環が成立しています。

こうして今ではシリアにおいて、一七世紀にトマス・ホッブズがかつて記した「万人の万人に対する戦い」と同様の混乱と殺戮が延々と続いています。そこでは、誰も戦争への反対をもはや叫ぶことはありません。なぜなら、自らのサバイバルのためには戦うという選択肢しか残されていないのですから。

第二章　ハイブリッド戦争の登場

『戦争論』においてクラウゼヴィッツはローマの古い諺を想起しています。「平和を欲するならば、戦争の備えをせよ」（Si vis pacem, para bellum）と。これに倣えば、平和を欲するならば、新たな戦争の備えをすべきなのです。

それでは、今、姿を現しつつある新しい戦争とはいかなるものなのでしょうか。前述のルパート・スミス将軍は、新しい戦争を「人々の間の戦争」（War among People）と名づけます。

そこでは、①戦いの目的が、敵国家に対する勝利ではなく、むしろ自らにとってより望ましい条件を作り出すことに変わり、②戦場で戦うのではなく、一般市民のなかに入り混じって戦うようになり、③紛争は終わることがなく、果てしのないものとなり、④戦いでは当事者はすべてを賭けず、兵力を温存するように戦い、⑤古い兵器や組織が新しい用法で用いられ、⑥交戦している双方が国家ではないという傾向を有することになるのです。

9・11同時テロ事件以降のテロとの戦いの中では、世界大に拡大した戦争を、終わりなき戦い（endless war）や、長い戦い（long war）と呼ぶことも普通になりました。ある識者は、現代の戦争を、「どこにでもある戦争」（everywhere war）と名付けています。[6] それは、軍事、準軍事（パラミリタリー)、テロによる暴力を含めて、あらゆる空間に拡がった、いつでもどこでも起こり得る新しい戦争のあり様を指しています。[7]

こうした事態の理解には、九〇年代後半からのアルカーイダやタリバンなどの新たな非国家主体の台頭を受けて、対反乱作戦を中心とする軍事ドクトリンが米国において成熟したことも寄与しています。とりわけ、アフガニスタン及びイラクでの新たな経験が、戦争の態様を新たに規定することとなりました。

そのような戦争においては、旧来の国家間の戦争とは異なり、古典的なゲリラ戦と同様に戦いは極めて非対称なものとなります。同時に、現代の非国家主体による戦いの手段も、純粋に軍事的なものというより、政治、経済、社会などの使用可能なすべての手段を活用したものとなっています。その目標も、自らより強大な敵を倒すことではなく、むしろ、敵が戦闘を継続すればコストがかかりすぎることを敵に信じこませることにあるのです。

米国防省でイラクやアフガニスタンにおける戦闘に肉薄した調査研究を行ったデイヴィッド・キルクレンは、その著書『偶発的ゲリラ』(The Accidental Guerrilla)において、アルカーイダの戦略を、「挑発」「脅迫」「長期化」「消耗」という四つのキーワードでまとめています。すなわち、大量虐殺やテロにより宗派対立を煽ることで敵を挑発し、地元の人々が敵に協力しないように脅迫し、状況によってそのプレゼンスを隠し生き延びることによって戦線を長期化させ、敵の消耗を待つこと。これがアルカーイダによる新しい戦争なのです。

加えて、グローバル化と通信手段の高度化のおかげで、非国家主体による戦いによって成し遂げられる成果は、過去とは比較にならないほど費用対効果を増しています。ダーイシュがツイッターなどのソーシャル・メディアを確信的に多用するに至って、その洗練されたプロパガンダからなる情報戦が成し遂げる効果は急速に向上しました。

近年では、新しい戦争を指し示す言葉として、「ハイブリッド戦争（Hybrid War）」や「複雑な戦争（Compound War）」「第四世代戦争（Fourth Generation War）」「曖昧な戦闘（Ambiguous Warfare）」といった用語が、米国の軍事戦略家の間で頻繁に使われるようになっています。「ハイブリッド戦争」とは、戦う主体の多様性とその方法の多様性（Multimodal）の両者によって特徴づけられる複合型の戦争です。[8]

この新しい戦争では、戦う主体も、伝統的な主権国家ばかりではなく、アルカーイダからダーイシュ、そしてタリバン、ヒズボッラーやハマスなどの、テロリストや抵抗勢力、武装漁民、犯罪組織、ハッカーまであらゆる非国家主体が参加するような多様な戦争行為者が登場することになります。たとえば、イラクは今やイランの革命防衛隊とともに四〇ものシーア派民兵組織に依存しながら、ダーイシュとの戦いをイラク西部のアンバール州で繰り広げています。この場合には、イラクという国家と、シーア派民兵という非国家主体の立場が逆転しているほどです。

このようなハイブリッド戦争においては、かつての戦争における、軍人対民間人、正規軍対非正規軍といった二項対立的な発想は、もはや意味をなさなくなります。国家間で戦われる正規戦と、非国家組織との間で戦われる非正規戦の境目も次第に曖昧になろうとしています。テロ組織やマフィアなどの非国家組織ですら、これまで国家が独占していたさまざまな兵器を極めて容易に入手できるようになっているからです。多くの中小の国家群も、非通常兵器戦略に一層関心を向けるようになっています。

また、戦争の方法においても、正規軍をもって行う伝統的な総力戦ばかりではなく、テロ行為から暗殺にいたるさまざまな手法と、戦車や爆撃機といった伝統的な兵器から、対衛星兵器、無人機、サイバー兵器に至るまでの非伝統的な兵器を含めて、考えられるすべての手段をもって戦いが行われるようになっています。[9]

特に、かつて冷戦下において核兵器の開発が戦争と平和をめぐる議論の根幹を変化させたように、二一世紀においてもインターネットや通信速度の飛躍的発展、ソーシャル・メディアといったソフトなプラットホームの導入といった手段の多様化が、これまで以上にラディカルな影響を現代の戦争に及ぼそうとしています。

このような新たな戦場のありさまを、英国国防省の報告書は5つのCで表現しています。[10]

すなわち、この新たな戦いは、都市空間やサイバー空間などの混雑した空間で行われるようになるとともに（Congested）、戦いに従事している主体が一体誰なのかもわからなくなる程の乱雑な状況におかれるようになります（Cluttered）。

そして、あらゆる戦闘空間をめぐって戦いが行われる中で、国家による接近阻止・領域拒否（A2／AD）やテロリストの即席爆発装置（IED）によって我々の自由な行動やアクセスが容易に阻害されます（Contested）。そこでは、味方も敵も含めてあらゆる主体が相互に接続される結節点を通じて戦いが行われます（Connected）。その結果、敵にはそれほどの制約がない一方で、我々の法規制や社会規範では、このような戦いを遂行することが著しく困難になるのです(Constrained)。

このように見るならば、現代の戦争が、かつて存在したはずの、あらゆる「境界」を消滅させようとしていることにようやく私たちは気付くに違いありません。

国と国の間にあった境界=国境をはじめとして、主権国家の管轄権の間にあった境界、非国家主体と国家の間にあった境界、核兵器と通常兵器の境界、そして軍事的な戦争と非軍事的な紛争の境界に至るまで、あらゆる境界が曖昧となったのです。今や、そうした境界は、ほとんど存在しないといっても過言ではないでしょう[11]。

その結果として、往々にして私たち自身が攻撃をされているにもかかわらず、誰が攻撃しているかばかりではなく、攻撃されていること自体にすら私たちは気づかなくなっているのです。

こうした曖昧さや不明瞭さのゆえに、私たちの眼前で繰り広げられている戦争と平和の意味を、私たちは十二分に理解できなくなってしまったのです。だからこそ、私たちの視界を遮る認識の濃霧を払いのけて、かつて存在した戦争と平和の幻想を私たちはもう捨て去る必要があるのです。

第三章　現実を超えるサイバー戦争

国家や会社といった組織やあらゆる個人の間の結び目が連結された結果、二一世紀の戦争は、ネットワーキング戦闘と名付けられるほどの、伝統的に戦争が行われてきた空間とは全く異なる環境を提供しています。サイバー空間はその代表です。サイバー空間で行われる現代の戦争は、いくつもの新しい特徴を有しています。

最初に指摘すべきなのは、サイバー戦争が人工空間で行われるということです。さらに特異なのは、このためサイバー空間が無限に拡がる可能性を有していることです。すなわち、ネットワークの追加や再構成によって、サイバー空間は自在に拡大するのです。

この点で、サイバー戦争は、陸や海における限りある空間での戦いとは根本的に異なっています。人が創造したサイバー空間には国境がありません。だからこそ、サイバー空間を一つの国家が管理することも不可能となります。

新しいデジタル技術によってできたサイバー世界では、戦争と平和の境は一層曖昧になるどころか、二つの間の区別がほとんどつかなくなります。サイバー空間で恒常的に行われている、情報の窃取やサイバー犯罪と、敵の重要なインフラ破壊行為とを厳密に区別することは、そもそもできません。そのため、サイバー空間では宣戦布告も行われずに、限定的な戦争すらも上回る損害が唐突に発生することになります。サイバー空間はそもそも常在戦場なのです。そこで問題となるのは、潜在的な脅威というよりも、恒常的なリスクなのです。

この結果、サイバー戦争は、戦時と平時の区別のみならず、加害者側と被害者側の双方で軍人と市民の境目すら全くなきものにしました。

そもそもクラッカー（サイバー上で悪意をもって不正を行う者。別名ブラックハットハッカー）は、軍人がなるものというより普通の市民がなるものです。ここでも軍人の非戦闘員化と非戦闘員の軍人化が同時に起きているわけです。クラッカーにとっては軍事目標よりも非軍事目標がより重要となっています。クラッカーによるサイバー攻撃においては、その相手は国家と非国家を選ばずに繰り広げられています。

戦闘員ではない市民を戦争の惨禍から保護するジュネーブ諸条約は、戦時における最も重要な国際法ですが、サイバー空間でこれらの条約を順守することは至難の業です。たとえば、一九七七年に採択されたジュネーブ諸条約追加議定書の第五一条二では、「文民たる住民それ自体及び個々の文民は、攻撃の対象としてはならない」と規定するとともに、「文民たる住民の間に恐怖を広めることを主たる目的とする暴力行為又は暴力による威嚇は、禁止する」としています。

しかし、現代のサイバー攻撃では、文民や文民のインフラを対象に攻撃が行われ、甚大な被害がすでに生じています。果たして、これらのジュネーブ諸条約は、サイバー攻撃の被害者である文民に適用されるのでしょうか。実際には、既存の国際法をサイバー空間にも適用すべしと考える日本も含めた欧米諸国と、国際社会が同意する新たな国際法の合意をまとめるべきとする中露の間で意見の隔たりがいまだに続いています。

また、サイバー空間では、個人が国家を容易に攻撃するとともに、国家も非国家主体を選んで攻撃しています。二〇一四年一一月にソニー・ピクチャーズエンタテインメントが狙われたことはその典型的な例です。米国のＦＢＩは、この攻撃が北朝鮮によって行われたものであると断定しましたが、多くの場合には、その首謀者の所属は不明のままであることが多いのです。

たとえば、ＤＤｏＳ（分散型サービス拒否）攻撃は、攻撃者が誰なのか特定することが不可能という意味で、その最たるものです。ＤＤｏＳ攻撃は広範囲の混乱をもたらします。セキュリティ境界を突破して情報を盗み取るアクセス攻撃と異なり、ＤＤｏＳ攻撃は、偽のトラフィックによってサーバやネットワークなどの負荷を過剰に増加させてネットワークシステム全体を麻痺させるのです。

ＤＤｏＳ攻撃は数千もの脆弱なゾンビ・ホストから、単一のターゲットに対して仕掛けられます。こうしたゾンビ・ホストは、高速な常時接続によってインターネットにアクセスしている何百万台もの任意のコンピューターの中から作り出されます。ハッカーはこれらのマシーンにスリーパーコードを埋め込むことによって、攻撃の開始命令を待つゾンビの大群を編成するのです。この攻撃を受ける側のファイアーウォールや侵入検知サービスはほとんど役に立ちません。[12]

ゾンビ・ホストが多ければ、攻撃される側は、誰が攻撃を行っているかを探索することが不可能になります。このアトリビューション（所属）の曖昧さこそが、サイバー空間を戦争、犯罪、テロの温床にさせている特徴なのです。サイバー空間では匿名性が容易に保たれるのです。

さらに重大なのは、サイバー空間では攻撃と防御の区別すら無意味にならざるをえないことです。なぜなら、そこでは防御することと攻撃することとの間に、そもそも明確な区別がつかないからです。ここでは積極的防御といった現実世界における攻撃を意味する暗喩さえも、意味をなさないのです。

実際に、二〇〇七年のエストニア、二〇〇八年のグルジアへのサイバー攻撃の後、サイバー空間における米国の戦略から、専守防衛的な見方は姿を消しました。むしろ、作戦における攻撃と防御の双方が重視されるに至っています。アメリカ戦略軍の下に二〇一〇年に創設されたサイバー軍では、攻撃と防御が統合され、米国大統領の指示があれば敵に攻撃を行うことが公式に表明されています。

サイバー戦の戦略的重要性に対する中国の理解は、米国のそれを上回る部分すらあります。通常の軍事能力では米国にはるかに劣る中国は、米軍の高度に進んだネットワークに損害を与えることの有利さに着目して、早くからサイバー攻撃が果たす非対称的な能力に気づいていたからです。

二〇〇四年に中央軍事委員会主席になった当時の胡錦濤国家主席は、「新世紀・新段階のわが軍の歴史使命をはっきり認識しよう」と題した内部演説を行いました。その演説で同主席は、「発展に伴い、国家の安全と利益は領土・領海・領空を越え、海洋・宇宙・電磁空間に不断に拡大している」と強調しています。

中国は、「網電一体戦」という新たな造語に基づき、サイバー空間における戦いを、ネットワーク戦と電子戦を一体化した戦いとして捉え、専門の部隊を設置し、サイバー戦のウイルスやワクチンの研究をはじめ、情報窃取や電子防御、敵のネットワークへの攻撃を行っています。

現在の中国人民解放軍の作戦戦闘要領においては、敵の結節点（node）を攻撃することで敵のネットワークを破壊し、通常の火力と合わせて敵の指揮命令系統および補給線を攻撃することが規定されています。ネットワーク中心戦において優越を誇る米軍は、サイバー攻撃や電子攻撃によって、そのコンピューター・ネットワーク機能が麻痺すれば、正面戦闘力だけではなく、資材・軍需物資の補給や、弾薬・燃料輸送など後方支援に至る統合戦闘力を発揮できなくなるからです。

中国人民解放軍の総参謀部第三部が、このような網電一体戦の中心の一つにあることが知られています。二〇一三年二月、米国のマンディアント社が報告書「ＡＰＴ１」を発表し、上海の浦東新区にある一つのビルが人民解放軍の６１３９８部隊によって使われており、そこから欧米へのサイバー攻撃が行われていることを指摘しました。米国のプロジェクト２０４９研究所の二〇一一年の報告によれば、総参謀部第三部は、一三万人の要員を擁しており、外国人が関与する外交、軍事、国際通信の監視およびシギント（通信情報）を担当する部門の中心にあるとされています。さらに、二〇一四年五月には、米国司法省は、この６１３９８部隊において中心的な役割を果たしたとされる五人の容疑者を指名手配し、容疑者不在のまま起訴することを発表しています。

NATOのサイバー防衛センターで三年にわたって研究された「サイバー戦に適用される国際法に関するタリン・マニュアル」、いわゆるタリン・マニュアルにおいては、サイバー攻撃が行われる場合には、一定の条件の下で軍事的攻撃を行うことが許容されるとの見解を明らかにしていることも注目されます。

さらに同マニュアルは、サイバー戦においては、場合によっては武力行使が行われていない場合でも先制攻撃の権利をも認める必要があるとの解釈をとっています。国連憲章第五一条では武力攻撃が発生した場合に自衛権の発動を認めていますが、それ以前でも、武力攻撃が差し迫っている場合には、自衛行動をとることが許されているとするのが先制論です。

これまで核兵器のコンテキストなどで議論されてきた先制論も、サイバー戦の世界では法解釈上認めるべきとの考え方が国際社会で強くなっているのです。

この背景には、サイバー戦争においては、防衛ではなく攻撃が支配的である(offense dominance)という事情があります。サイバー戦争において最もよく敵の攻撃を回避するためには、敵に対する報復という脅迫こそが重要となるからです。同時に、サイバー攻撃を行った主体を特定することには困難がともなうことをふまえると、サイバー戦争においては、そうした報復に伴うリスクも大きくなるというジレンマもあります。

第四章　宇宙で繰り広げられる戦争

一〇〇年後に書かれる戦争の歴史において、二〇〇七年に行われた中国による対衛星兵器の実験が、宇宙空間における新たな戦争の始まりを告げたと記されるかもしれません。

中国が突如行った、この宇宙兵器の実験は、米国が宇宙空間で有している圧倒的な優位への挑戦と受け止められました。なぜなら、現在の地上、海上、上空におけるあらゆる米軍の軍事作戦は、宇宙空間に浮かぶさまざまな早期警戒衛星や、通信衛星、偵察衛星の存在を抜きにして語ることができないからです。

二〇一四年には、米国の赤外線探知衛星によって五八八回ものミサイル発射警告が行われています。宇宙にある衛星が、地上での米軍の作戦活動にとってなくてはならない情報を提供しているわけです。二〇一五年三月に行われた米国下院の公聴会において、偵察衛星の打ち上げとその運用を担当する米国国家偵察局（ＮＲＯ）のベティ・サップ長官は、次のように言っています。

「ジオイント（地理・空間情報）及びシギントを含む私たちの最先端のソリューションは、宇宙、上空、地上のそれぞれの領域を結び、戦闘員に対して包括的で共通の作戦像を提供し、標的を見つけ、特定し、始末する能力を一層向上させているのです」[13]

たとえば、「レッド・ドット」（赤い点）と呼ばれる、ＩＥＤを探知するために国家偵察局が開発した手法をサップ長官は紹介しています。二〇一二年から二〇一四年にかけて、レッド・ドットの警戒情報によって地上において七〇〇以上のＩＥＤが探知され、多くの米軍兵士の命を救っているのです。この宇宙からの警戒情報は現在ではその他の同盟国とも共有されているといいます。このレッド・ドットというプログラムは、現代の対テロ戦争が、宇宙空間からの偵察能力を抜きにして語れないことを劇的に示しています。

一方で、宇宙における戦いの特徴は、宇宙でのプレゼンスの脆弱性にあります。宇宙における人工衛星は、自らを守ることが困難な極めて脆弱な存在です。人工衛星は、レーザーや電波妨害、地上から発射される対衛星兵器によって簡単に破壊されてしまいます。現代の技術では、人工衛星を分散して配置する以外に、積極的な防護手段は見つからないのです。

したがって、このように攻撃に対して脆弱な米国の衛星を破壊する能力を第三国が備えることができれば、米国よりも劣る通常兵器能力しかない国家も、非対称的な能力を突如獲得できます。この点で、二〇〇七年以降の中国による対衛星兵器の開発動向が、米国の宇宙における戦略的優位をその根底から脅かしかねないとして注目されているわけです。

同時に、この中国による対衛星兵器実験は、これまで複数回にわたって行われたと見られているものの、中国側による説明はほとんどなく、不透明さにつつまれていることも大きな問題となっています。特に、初回の実験において破壊された衛星の三〇〇〇以上のデブリ（破片）が低軌道の宇宙空間に拡散し、これが将来の各国の宇宙計画への支障となりつつあることがすでに指摘されています。実際に、二〇一四年には米軍からの助言に基づいて一五の衛星が、これらのデブリを回避する行動をとっています。

米空軍のジョン・レイモンド中将は、二〇一五年三月の米国議会下院公聴会において、「昨年、宇宙環境が変わってしまったと証言したように、宇宙環境はもはや相対的な聖域ではなくなってしまっている。昨年来のさまざまな活動は、宇宙が、今までより一層混雑し、より競争的になり、より対立的なものとなってしまい、その傾向がスローダウンすることはないことを示している」と語っています。[14]

中国は、二〇一四年に三度、二〇一五年にも三度、計六回にわたって超音速ミサイルの実験を行っています。

ミサイルはいずれも山西省の太原衛星発射センターから打ち上げられており、同年一月に行われたとされる実験ではその成功が報じられました。地上一〇〇キロメートルほどの高さを、マッハ一〇という超音速で飛行するミサイル「WU-14」は、「超音速滑空体」（Hypersonic Glide Vehicle＝HGV）と呼ばれています。この技術は、米国ですら満足に実験に成功しておらず、中国の実験の成功に米国の宇宙開発関係者には衝撃が走ったとされています。最近では二〇一五年一一月二三日に同様の実験が行われ、成功したことが確認されています。

なぜこの対衛星兵器がこのような衝撃をもたらすのでしょうか。その大きな背景には、中国が、ＨＧＶを米国のミサイル・ディフェンス網を突破する切り札として位置付けていると見られていることがあげられます。

たとえば、二〇一四年一月に米中経済・安全保障再検討委員会が行った公聴会において、米空軍航空・宇宙インテリジェンス・センターのドナルド・フュエル戦力近代化・雇用技術部長は、「このＨＧＶ技術は、弾頭の発見から追跡、迎撃までの時間を著しく限定するため、防衛が極めて困難であり、特に伝統的な弾道ミサイルと併用して同時攻撃が行われる場合には、既存のミサイル・ディフェンスでは対処ができなくなる」と指摘しています。

こうした状況をふまえ、新アメリカ安全保障センターのエルブリッジ・コルビーは、「敵が宇宙空間において、米国の宇宙アーキテクチャーを破壊しようとすることを躊躇うように、そうした脅威に効果的に対応できる能力を明確に見せつけるべきだ」として、宇宙における制限戦争戦略を提唱しています[15]。

空における戦いは偵察から始まりました。その偵察を阻止するために戦闘機が開発されたのです。こうして空における戦争が現実化しました。そして、宇宙における戦いも偵察衛星の導入から始まりました。この偵察衛星をまさに破壊するために、対衛星兵器の開発が現在行われているのです。これは、宇宙における戦争が空想のものではなくなっている証拠なのです。

第五章　武器化される情報

　ダーイシュは、ツイッターなどのソーシャル・メディアを通じて、カリフ制にもとづくイスラム国家の魅力とイスラム教徒へのメッセージを、とめどなく送り出しています。同時に、敵に対しても、斬首や火刑といった極めて残虐な行為を、ドラマチックな映像技術を駆使して、次々と送りつけています。こうした敵と味方双方に対するタイムリーなメッセージは、情報作戦の一部なのです。[16]

　それらは、アルカーイダが長年行ってきたメディア戦略をはるかにしのぐ洗練さと狡猾さに満ちています。ダーイシュのリアルでショッキングなビデオクリップや、オレンジ色の服を着せられた敵のスパイや英雄然としたジハード主義者へのインタビューからなる「ダービク」誌と比べると、オサーマ・ビン・ラーデンやアイマン・アル・ザワヒリが行ってきたアルカーイダ指導層による古色蒼然とした説教調のプロパガンダは、イスラム主義の古典文学と呼べるほどです。

　このような過剰とも言えるほどのダーイシュによる情報戦略は、誰もが現代社会において行うことが可能なものです。それを大々的にかつ執拗に継続すれば、いかに誇張され、欺瞞に満ちた情報であれ、それらは次第にわたしたちの現実の一部を構成するようになるでしょう。

ダーイシュは、情報作戦をその政治・軍事戦略の根幹に位置付けることにより、協力者を獲得し、敵を挫き、自らをブランド化していくのです。

情報をめぐる戦いは、もう一つの現代の戦争の特徴です。

米国下院外交委員会は、二〇一五年四月一五日、「ロシアによる情報の武器化に対抗する」という題名で公聴会を開催しています。この米国下院外交委員会において証言した、ロシアのテレビ局の内幕を知るピーター・ポメランツェフは、ロシアによる情報の武器化という事態は、もはや情報戦（Information War）ではなく、情報に対する戦争（War on Information）なのだと指摘しつつ、次のように言います。

「ロシアではすべての言説が陰謀説となっています。すべてが陰謀なのです。わたしたちの国際秩序はリアリティを基礎とした政治にあります。もし、そのリアリティという基礎が破壊されれば、国際的な制度や、国際的な対話そのものを維持することができなくなります。虚構は、リアリティに基づく政治を不可能にするのです」

ロシアのプーチン政権が情報戦に大きな比重をおいていることについては、さまざまな指摘がすでに行われています。たとえば、ＮＡＴＯ欧州連合軍最高司令官、フィリップ・ブリードラブ米空軍大将は、二〇一四年九月に開催されたＮＡＴＯ首脳会議において、ウクライナにおけるロシアの動きに言及し、次のように語っています。

「いわゆる『小さな緑の男たち』と呼ばれる、ロシアによる軍服を着ない軍隊の使用と、情報戦の歴史の中でも最も驚くべき情報戦による電撃戦（ブリッツクリーク）は、ウクライナにおける最初のロシアの行動の一部なのです」

プロパガンダの伝統がソ連の終焉をもってロシアにおいて死に絶えたと考えるのはナイーブな理解でしょう。ポメランツェフは、クレムリンが情報戦を強化していることをとらえ、情報、文化、資金の武器化こそがクレムリンによるハイブリッド戦争の根幹にあることを指摘しています。

ポメランツェフは、ロシアの戦いにおいては、情報を提供することによって相手の理解や信頼を得ることが目的ではなく、あえて陰謀論や虚偽を撒き散らすことで、相手に混乱をもたらすことが目的となっていると言います。[17] ロシアでは、平時においても、"Dezinformatsiya" すなわち偽情報を積極的に拡散することにより、自らにとって有利な環境を確保することが常態となっているのです。

たとえば、年間三〇〇億ドル以上の予算を有するロシアのメディア会社であるロシア・トゥデイは、二〇〇五年に設立された巨大な新興メディアです。もっとも、ロシア政府の補助金で運営されているその報道は、つねに西欧、とりわけ米国が悪く見えるようなバイアスをかけたものとなっています。

それればかりか、ロシアが窮地に陥るような事態になると、ロシア・トゥデイは、事実からかけ離れた、虚偽に基づく報道を確信的に行ってきています。そこではクレムリンが望む方向に偽情報が提供され、それがまことしやかに報道されるという構図があります。

シリアにおける内戦の報道においても、シリアの反体制派によってサリン攻撃が行われた証拠があるとロシア・トゥデイは報道しましたが、その報道で活用されたビデオは、報道が指摘するサリン攻撃が行われる日時よりもはるか以前につくられた、全く別のビデオの改竄であったことが判明しています。

さらに、マレーシア航空MH17便撃墜事件においても、ロシア・トゥデイは、プーチン大統領の乗った航空機を狙ったウクライナ軍によって撃ち落されたとの報道を流し続けたのです。この場合にも、ロシアは必ずしもこのような情報を国際社会が信用するだろうという前提で流しているわけではなく、むしろ、その情報を聞く者を混乱させ、真実にたどり着くことなどできないと諦めさせることに意味があります。

すなわち、報道の自由を守ることよりも、むしろ、報道の自由を活用して、確信的に欺瞞情報を拡散させ、混乱を拡大することのほうにより大きなメリットがあるのです。現代の戦争においては、情報が、とりわけ欺瞞に満ちた偽の情報が、国家の戦争の遂行に死活的に重要となっているわけです。

このようなロシアのプロパガンダに対抗するために、すでにNATOやEUにおいてさまざまな対抗策がとられはじめています。

たとえば、NATOにおいては、二〇一五年五月にラトヴィアの首都リガにおいて、「カウンタープロパガンダ」に関する技術についてNATOによる訓練が始まっています。その訓練の開始にあたって、NATOの指揮作戦本部の戦略コミュニケーション部長のマーク・ライティは次のとおり述べています。

「通常兵器の脅威は変化しており、私たちは、情報が兵器となりうることを認識すべきです。ディスインフォメーションであれ、欺瞞であれ、偽造された物語を創るという単純な捏造であれ、私たちはこれらを認識し、この挑戦に対抗していく必要があるのです。この訓練コースを通じて、情報分野において効率的に対応し、また、自由でオープンな社会という価値を守るために、私たちの能力を磨くことができるでしょう[18]」

さらにEUにおいては、EUの東側にあってロシアの周辺国である六ヵ国（アゼルバイジャン、アルメニア、グルジア、モルドバ、ベラルーシ、ウクライナ）とのパートナーシップを強めるために、二〇一五年四月に、特に第三国のプロパガンダによるディスインフォメーションに対抗して、これらの国々の独立したメディアを支援する目的で、"East StratCom Team"と名づけられた、戦略コミュニケーションを専門とするチームが立ち上がっています。

このような情報戦の重視の傾向は、中国人民解放軍においても同様です。人民解放軍では、敵が戦時中に情報を獲得し、利用する能力を非対称な形で弱体化する方途として、また、紛争が始まる前に敵を屈服させる手段として、情報戦を捉えています。

米国防省の「二〇一五年中国軍事安全保障報告」においても、電子戦及びレーダーを担当する人民解放軍総参謀部第四部が、中国の戦争シナリオで、敵が情報を獲得し、それを利用することを拒否する上で、対宇宙戦やその他の武力作戦を補強するため、電子戦、サイバー戦、欺瞞作戦を組み合わせて活用したいと考えていることが指摘されています。

第六章　傭兵が活躍する新しい中世

民間軍事会社が主たる戦力となる

二〇一五年四月二二日、ロシアのラブロフ外相はケリー米国務長官への電話において、米国の第一七三空挺旅団がウクライナのリヴィウの射撃場に到着したことや、米国の民間軍事会社「アカデミ」社の要員がウクライナ東部のドンバスでウクライナの軍人と一緒にいるとの情報を指摘しつつ、こうした事態は、外国部隊、軍事装備、傭兵がウクライナの領土から撤退させるとしたミンスク合意に対するウクライナ政府の約束に背馳（はいち）していると述べました。

ウクライナにおいてロシアがロシア軍の退役させた正規兵や特殊部隊を活用しているというならば、一方で、米国も民間軍事会社を派遣したではないかというロシア側からの詰問なのでしょう。「アカデミ」社は、イラクで活動した「ブラックウォーター」が社名を変更した、もともとは同じ会社です。

もっとも、このラブロフ外相の批判に対して、「アカデミ」社は、ウクライナに同社の要員は存在しないし、現在の同社は「ブラックウォーター」とは何ら関係がないとの公式声明を出しています。

現代の戦争では、傭兵はなくてはならない存在です。その活躍の様相は、まるで中世のイタリアで、都市国家や教皇庁などによって「コンドッティエリ」と呼ばれる傭兵が盛んに活用されたのと、いささかも変わりがなくなっている程です。

ただし、現代では傭兵を民間軍事会社と呼びます。

正確には民間軍事安全会社、すなわちＰＭＳＣ（Private Military and Security Companies）が現代の傭兵なのです。近年の民間軍事安全会社の急速な伸張は、新たな中世の始まりを告げているのかもしれません。

これまでの二〇世紀の二度の世界大戦では、国家が自ら編成する国民軍を用いて戦うことが当たり前でした。しかし、今や国家の常備軍ではなく、さまざまな任務のために民間軍事会社が多用されるようになったのです。

たとえば、イラク戦争後の戦闘においては、およその半分が、アフガニスタンの戦闘ではおよそ七割が民間軍事会社の要員によって戦われたとも言われています。その意味でイラクとアフガニスタンにおいて米軍は、民間軍事会社を主たる戦力として戦ったと言っても過言ではないほどです。

米国会計検査院によれば、二〇〇八年四月にイラクで活動していた、米国国防総省と契約を有する民間軍事会社の社員数は、一九万八〇〇〇人に達するとされています。これ以外の国々も、ますます傭兵への依存を高めています。ナイジェリアは、北部のイスラム過激派であるボコ・ハラムと戦うのに傭兵を雇用しています。また、ウクライナ東部二州においても、ロシア人の傭兵がウクライナ政府軍と戦っています。

民間軍事会社は、冷戦終結以降、一九九〇年代にアパルトヘイト後の南アフリカを中心に巨大化します。今世紀に入ると、対テロ戦争のためのアフガニスタンへの侵攻や、イラク戦争を境に拡大、深化していったのです。この背景には、①主要国における軍事費削減の必要性、②プレデターなどの無人機の運用に代表されるような軍事技術の高度化、③冷戦終結を境に起きた大量の職業軍人の退任と市場への流入、④途上国や旧ソ連圏での民族対立などが多数発生したことがあげられます。「Executive Outcomes」（ＥＯ社）は、そうした民間軍事会社の先駆けでした。

同社は、旧南アフリカ国防軍第三二大隊の副司令官であったイーベン・バーロウによって一九八九年に設立されました。主として南アの特殊部隊などから雇用された要員からなる軍事会社で、最盛期には三五〇〇人の要員を擁していました。同社は、アンゴラ内戦において、アンゴラ解放人民運動（ＭＰＬＡ）と契約し、その正規軍の訓練などを行い、その対立相手であったアンゴラ全面独立民族同盟（ＵＮＩＴＡ）に対する掃討作戦にも加わっています。

ＥＯ社は、ＵＮＩＴＡ側に壊滅的打撃を与え、一時は内戦を終結させることに成功しています。また、シエラレオネ内戦においては、革命統一戦線（ＲＵＦ）による殺戮を止めるために同社が雇用され、三〇〇人の部隊を投入し、ＲＵＦが占拠していたダイヤモンド鉱山の奪還に成功、平和交渉の席につかせることにも成功しました。しかし、同社の拡大を懸念した米国政府の意向もあり、一九九八年に南ア政府は傭兵組織を禁止し、ＥＯ社は解散されることとなったのです。

ところが、ＥＯ社に関わった軍事プロフェッショナルたちは、別の民間軍事会社においてその能力をその後も発揮し続けました。たとえば、その一人英国人のサイモン・マンは、サッチャー元英首相の息子のマーク・サッチャーの財政支援を得て、傭兵組織を率いて、二〇〇四年に石油資源のある赤道ギニアでのクーデターに関与しています。

もっとも、クーデターは唐突に失敗に終わり、サイモン・マンとその仲間たちは、六一丁のカラシニコフ、四万五〇〇〇発の弾薬、一五〇の手榴弾をもって反政府クーデターを起こそうとした矢先にジンバブエのハラレで逮捕されます。その後、恩赦で出獄するものの、サイモン・マンは三四年の懲役刑に処されました。

ＥＯ社と関係を有していたもう一人の外国人、元英国軍中佐ティム・スパイサーは、別の民間軍事会社「サンドライン・インターナショナル社」を起業しました。

スパイサーは、一九九七年にパプア・ニューギニアのブーゲンヴィルにある銅山を、傭兵によって警護する三六〇〇万ドルの契約をパプア・ニューギニア政府からとりつけました。しかし、パプア・ニューギニア軍が時の政府をクーデターによって崩壊させると、スパイサーは拘束され、軍の尋問を受けています。また、一九九八年には、亡命中のアフマド・カバ・シエラレオネ大統領にブルガリア製の三〇トンの武器を同社が輸出したことが明るみになり、アフリカへの武器輸出スキャンダルにおいても、スパイサーが主要な役割を担っています。

そして、二〇〇三年にイラク戦争が起きると、スパイサーは、「イージス・ディフェンス・サービス社」を起業します。同社は、三年間にわたって、武装警護や後方支援、インテリジェンス支援を提供する役務を米国政府に提供する二億九三〇〇万ドルの契約を獲得し、七五ものセキュリティ・チームを率いたのです。一方で、スパイサーは、イージス基金を立ち上げ、イラク復興支援にまで大規模に関与しました。

このようなイラクやアフガニスタンにおける大規模な民間軍事会社による積極的な戦闘行為への関与とは別に、ソマリアやマラッカ海峡における海賊行為の隆盛は、民間の船舶会社による民間軍事会社への依存を高めています。海事部門で活動している大部分の会社は、リスク評価とコンサルティング、船員や軍、法執行機関の訓練、船舶の追跡、武装護衛サービス、シージャックされた船舶の奪回を含めた危機対応、人質となった船員の救出に至るまでの広範な海賊対策サービスを提供しています。

国家が統制できない武装集団

ヨーロッパの中世に活躍した傭兵は、近代に入ると徐々に長い時間をかけて、その姿を消していくようになります。そのきっかけとなったのが、三十年戦争を終わらせた一六四八年のウェストファリア条約であったことは強調されるべきでしょう。

そもそも三十年戦争においても傭兵が多用されました。

一五世紀から一七世紀にかけて活躍したのがドイツ人傭兵「ランツクネヒト」(Landsknecht)です。彼らは、槍や銃を担ぐ歩兵部隊でした。派手な羽飾りのついた帽子に袖をふかふかに膨らませた上着や、男根を強調したズボンの前当てが、ランツクネヒトを飾りたてたのです。

故郷を捨て封建的身分のしがらみから自由になったことへの彼らの矜持が彼らの服装にも表れていました。彼らの命運は傭兵隊長が握っていました。隊長らは、スポンサーを探し、兵士を組織し、勝利に恵まれると莫大な報奨金を得ました。つねに予備兵を抱え、注文に応じていつでも大量に兵を動員できる戦争企業家が出現したのです。

その頂点に立ったのがドイツ三十年戦争の主役であるボヘミアの貴族出身のアルブレヒト・フォン・ヴァレンシュタインでした。ヴァレンシュタインがこの戦争のために集めた傭兵の数は一五万人に達したといいます。雇い主の神聖ローマ皇帝フェルディナント二世ですら彼の部隊には口出しできませんでした。これらの傭兵による戦利品争奪や捕虜目当ての敗残兵狩りは過酷を極めました。神聖ローマ皇帝から占領地での税の取り立てを認められた傭兵隊は、行く先々で強盗まがいの略奪を繰り返したのです。

神聖ローマ帝国軍に対抗したスウェーデン軍の大部分を占めたのも傭兵でした。一六三一年にライプツィヒ北方の小村ブライテンフェルトで起きた神聖ローマ帝国軍とプロテスタント諸侯の間の戦いでは、わずかにスウェーデン軍の二〇パーセントのみがスウェーデン人であったとされています。また、給与の多寡によって立場を変え、つねに戦場を求める傭兵は、三十年戦争をより血生臭いものとし、長期化した一つの要因でした。

しかし三十年戦争が終わると傭兵の時代は終焉を迎えます。神聖ローマ皇帝のフェルディナント三世は、神聖ローマ帝国の歴史上初めて平時の常備軍を設立した人物です。フェルディナント三世は、ウェストファリア条約が結ばれた翌年の一六四九年に、戦争のために結成された五二の連隊と九つの歩兵隊、そして一〇の騎兵隊を解散せず、恒常的な軍として維持することを勅令したのです。

このような常備軍の設立の動きは、その後時間をかけて、フランスやプロイセンを始めとする欧州各国において続き、一九世紀になると傭兵はその姿をほとんど消しました。一九世紀から二〇世紀の近現代にかけて、ほとんどの戦争が国家の常備軍によって戦われるようになったのです。

過去二世紀ほどの間にあたりまえとなった国家の常備軍による戦争を当然のものと考えていた私たちにとって、武装した民間人の活躍は、「新たな中世」の到来と映ることはやむをえないでしょう。傭兵を積極的に活用する現代の戦争の態様そのものが、またもやウェストファリア体制以前の世界に戻りつつあるように見えます。そのような世界では、国際システムは、国家によっては十分に統制されず、国家より下位の、あるいは上位のさまざまなアクターによって多極化していくことになります。

同時に、このような民間軍事会社の活躍が、大きな問題をはらんでいることは論を待ちません。すなわち利益を求める民間軍事会社は、往々にして各地の紛争を長引かせるか、一層複雑化させることにつながるおそれがあるからです。

一六世紀に、マルティン・ルターは、「国内を浮浪しながら戦争を求める傭兵」について、彼らは「ただ戦争をしたいとか、あるいはそういう連中の本性に従って自由奔放な生活をしたいとかいう、向こう見ずな欲望や好奇心」しか持たず、「彼らの一部は、悪人や盗賊にさえなるに違いない」と記しています。

戦争が利益追求を第一とする会社によって担われれば、戦争の性質そのものが、国家間の戦争の時代とは全く異なるものとなります。また、そのような民間軍事会社は、国家ばかりではなく、非国家主体とも契約ができるのであって、戦争の主体も多様化します。近年では、スーダンにおける民族虐殺を防止するために、民間ＮＧＯによる人道目的の民間軍事会社との契約が議論をよんだことを想起してもよいでしょう。

また、このような民間軍事会社に対する法的な規制は、いまだ不十分なものでしかありません。戦場において民間軍事会社の要員が犯す、本来は戦争犯罪とみられる行為が必ずしも適切には裁かれないという法的な問題も深刻です。

米国の国内法では、米国政府によって雇用される民間人の行為について、一定の範囲で米国自らの管轄権を及ぼせるようになっています。しかし、こうした国内的な規制では十分とは言い難いのです。米国の「特別海洋・領土管轄法」や「愛国者法」は、民間軍事会社の要員に対しても海外における域外適用を可能とする規制が含まれています。しかし、これらの要員が米国の軍事基地や大使館などから離れる場合、すなわち戦場では、これらの国内規制は適用されないのです。

こうした状況をふまえて、二〇〇五年に国連では民間軍事会社の使用に関する作業部会を設置して、四年間にわたって議論がされました。この作業部会は、民間軍事会社の規制に関する法的空白があることを認めた上で、国連人権委員会と国連総会に対して、民間軍事会社を規制する国際条約案のテキストを提示しました。また、この報告では、国家のみが武力の独占をすべきであって、民間にこれをアウトソースすべきでないというウェストファリア的な勧告を行っていることも注目に値します。

しかし、この報告書は、多くの国々の無関心にさらされることになりました。結局、多くの国家は、民間軍事会社を国際的に規制することはむしろ各国の主権の侵害になると見たのです。

このような事態をふまえて、スイス政府と赤十字国際委員会は、民間軍事会社の行為と人権規範を調和させる目的で、いわゆる「スイス・イニシャティブ」を開始しました。この結果、関心国や民間軍事会社、市民社会グループなどを集めて、二〇〇八年に「モントルー文書」と呼ばれる合意がとりまとめられました。この合意は、戦時における民間軍事会社の人権に関する義務についての共通の理解をまとめたものです。

二〇一三年にはこの文書に参加する民間軍事会社は七〇八にのぼっており、民間によるボランタリーな自己規制をまとめたものとしての意味は少なくはありません。しかし、この文書には国際的な法的義務があるわけではなく、その法的な効果は限定的なものにとどまっています。

第七章　中国による新たな「犬歯錯綜した戦争」

中国の「超限戦」

中国の二人の空軍大佐が、一九九九年に同名の著書で示した「超限戦」という戦争概念は、新しい「戦争」の形を予見した嚆矢です。

中国人民解放軍に属する喬良と王湘穂の二人の空軍大佐は、これからの戦争は、純粋に軍事分野のみならず、外交戦、サイバー戦、金融戦、心理戦、法律戦、輿論戦など二五に及ぶ、あらゆる分野において展開されうる、際限のない戦争となることを提示して見せたのです。

この「超限戦」という概念を説明する戦争の原理として、全方向性、共時性、有限な目標、無制限な手段、非均衡、最少の消耗、多次元の協力などが挙げられています。このような戦争は、グローバリゼーションの時代の戦争に特徴的なものであり、戦場と非戦場の区別もなく、また、軍人と非軍人の境界も曖昧化すると指摘しました。

その後、二〇〇三年には、中国人民解放軍はいわゆる孫子の兵法にいう、心理戦、法律戦、輿論戦からなる、いわゆる「三戦」を公式ドクトリンとして取り入れています。この「超限戦」という包括的なコンセプトの提示は、そうした人民解放軍の実際の「三戦」の公式化に先立つ先見的な考えでした。

南京国際関係学院は、二〇〇三年から二〇〇九年にかけて、「瓦解戦」と呼ばれる戦法に関する研究を行っています。この南京国際関係学院は、中国人民解放軍総参謀部の第二部の直属機関と言ってもよい機関です。瓦解戦とは、毛沢東によって共産党軍の政治工作の三大原則の一つとして規定された「瓦解敵軍」（敵軍を瓦解させること）に由来しています。瓦解戦の研究は、近年の情報化された戦争の教訓を取り込んで行われたものでした。

南京国際関係学院の研究報告によれば、政治瓦解戦、輿論瓦解戦、経済瓦解戦、心理瓦解戦、情報瓦解戦、謀略瓦解戦にわたるもので、いずれも戦わずして勝つという孫子の兵法の伝統をふまえたものです。[19]

このように見ると、現在、中国が東シナ海や南シナ海で進めている積極的な海洋進出が、多分に「三戦」や「瓦解戦」に見られる新しい戦法で戦われていることに疑いをもつ人はもはや少ないでしょう。[20]そこでは、外交上の恫喝を始めとして、領海法等の国内法の域外適用、潤沢な広報予算による国際世論へのアピール、レアアースの禁輸やバナナの輸入制限といった二国間の経済制裁の適用、海上の岩礁の先取、資源探査を名目とする大型掘削機設置による主権主張、満潮時に水面下にある低潮高地などの埋め立てによる人工島造成といった一連の政治戦略ゲームが繰り広げられています。

これらのいずれの動きも、「三戦」や「瓦解戦」を念頭におくならば、至極当然の動きと言えるでしょう。このような戦いにおいては、軍事的な組織による行動よりも、非軍事的な力が主体となります。巨大な浚渫船や海洋調査船、大型掘削装置、そして海軍と同様の規模や能力を誇る中国海警局の公船が、このゲームの主役なのです。

近年、中国海軍では、「経略海洋」という用語が頻繁に使用されるようになっています。一九九六年に羅鈺如元国家海洋局局長が、「経略海洋とは、国家戦略である。海洋におけるあらゆる権益を保護し、海洋安全保障を管理するために政治的、軍事的、技術的、そして外交的手段を利用することを意味する」と定義したものです。

二〇一二年一〇月には、人民解放軍海軍政治部の王兆海中将が海軍機関紙「人民海軍報」において、南沙、西沙、中沙諸島は中国の長期発展の礎となるのだから、南シナ海の経略が重要であると説いています。すなわち、中国は海洋における戦略を進めるためには、軍事手段のみならず、狭義の軍事力以外の一見合法的と見える様々な手段を駆使しているわけです。

中国が二〇一四年五月に、パラセル諸島（西沙諸島）に近い、ベトナムが主権を主張する海域に巨大な石油掘削装置「海洋石油九八一」を設置したことは、新たな挑発が具体的にいかなるものであるのかを如実に示しました。

同年六月五日に行われたベトナム政府の記者会見では、中国の海洋関係機関、すなわち、人民解放軍、法執行機関、漁民、はたまた石油タンカーまでが勢ぞろいしている様相が詳細に明らかにされました。そこでは毎日のように、中国が最大で一四〇隻近くの公船を繰り出していることが詳述されています。これにはミサイル駆逐艦、ミサイル・フリゲート艦、ミサイル艇、対潜哨戒艦、掃海艇、水陸両用揚陸艦の六種類の軍艦が含まれ、この他に、中国海警局、中国海巡、中国海監、中国漁政の巡視艇に加えて、曳航船や輸送艦、石油タンカー、中国漁船までが活用されました。

中国は、石油掘削装置を守るためにあらゆる航空機も活用しました。そこでは監視用の航空機、ヘリコプター、早期警戒機、監視用航空機TU154がベトナム公船の上空の空域で活動しています。とりわけ特異なのは、中国がベトナム沖でも、日本やフィリピンに対して行ったのと同様に「キャベツ戦術」をとったことです。石油掘削装置をとりまくようにして、最も内側の輪に一〇〜一五隻の船が、真ん中の輪に四〇〜四五隻の船が、最も外側の輪に二五〜三五隻の船が、三つの輪に分かれ、監視活動を行ったのです。また、中国の軍艦や法執行船、そして漁民までが統制された形で「キャベツ」の皮になり、大型掘削装置を守ったことは、さまざまな組織が緊密な統制の下で行動していることを示しました。

これらはいずれも、中国が非軍事的手段から軍事的手段まで、あらゆる手段を活用する用意があることを鮮やかに示したのでした。

地理的国境と戦略的国境

そもそも、中国がその核心的利益を維持するとの名目で海洋進出を進めるのも、国際法の間隙を衝いた、戦略的行動と位置付けられるでしょう。

中国において領土の拡張を睨んだ概念が一九八七年に提起されています。「戦略的境界（辺疆）」という概念です。「合理的な三次元の戦略的境界」（「解放軍報」）という論文の中で、著者の徐光裕は、戦略的境界について、「国家の軍事力が実際に支配している国家利益と関係ある地理的境界であり、領土・領海・領空に制約されず、総合国力の変化に伴って変化し、相対的に不安定性と不確実性を持っている」と定義しています。

さらに興味深いのは、徐光裕によれば、「したがって、『戦略的境界』は、総合国力の増減によって伸縮し、地理的国境から外に出て『戦略的国境』を長期間有効に支配すれば、『地理的国境』を拡大することができる」としていることです。これは、現在の南シナ海における七つの岩礁における中国による大々的な埋め立て工事という既成事実化行動をふまえると、中国人民解放軍内部における戦略的な着眼であったと言えるでしょう。

中国の立場からすれば、中国がその領海と主張する領域において、その国内法を正しく執行していると主張し続ける限り、問題そのものが国際法上の問題ではないということになります。すなわち、国内法を自らの領域で執行するという主張によって、そこに国際法が介在する余地が一切なくなるのです。たとえば、一九九二年に定められた中国の領海法はその最たる例です。尖閣諸島や南シナ海の九段線内が中国の領海と規定することで、あくまでも中国の国内法を盾として、公海上に自らの管轄権が及ぶことを正当化していくという手法なのです。

また、二〇一四年初頭より施行されている中国漁業法の海南省での実施規則によれば、中国が自らの管轄する海域と考えている九段線の中で漁業を行ういかなる外国漁船も、中国の国務院の関係部局の許可をとる必要があることになっています。フィリピン漁船であろうと、ベトナム漁船であろうと、これまでそれぞれの沿岸国の排他的経済水域で漁業を行っていたにもかかわらず、中国の地方自治体の規則に従って、中国海警局の法執行船によって突如拿捕されることが勝手に正当化されるというわけです。

こうした一方的な解釈を、中国政府とその地方部局が中国の国内法と規則に基づいてとる限り、東シナ海や南シナ海の広大な海域において国際法が入り込む余地はなくなります。一方で、こうした一方的な法解釈とその実施は、中国も参加する国連海洋法条約における沿岸国の権利に対する深刻な挑戦であることは明白なのです。

このような「中国国内の領域」における法執行を貫徹するためには、当然ながら海上法執行機関の公船が活用されています。中国では二〇一三年三月に、海監や漁政などの四つの海上法執行機関を一つに統合する法案が認められ、これ以降、中国海警局が海上における法執行任務にあたっています。ところが、この中国海警局の局長は公安警察官とされており、中国における武装警察の一部を事実上構成していると言えます。

この結果、中国海警局は中央軍事委員会の指導を受ける軍事組織の一部になっていると解釈できます。現在、急増している海警局の公船の中には、海軍から移管された多くの船舶や、七六ミリ砲を備えた一万トン規模の海軍軍艦なみの新造船も配置されるようになっているのです。

漁民を海上民兵に育成

中国が海洋におけるその核心的利益を守る上で、軍でもなく、民間人でもない海上民兵が重要な役割を担っていることも特筆できます。

二〇一三年四月には、習近平国家主席が、海南島の漁港、潭門を視察し、海上民兵に対して「皆さんの今後の大漁を願っている」と激励し、軍の活動を積極的に支援するよう訴えました。実は、同地の海上民兵は古い歴史を有しています。

南沙諸島の開発は、そもそも漁業を通じた領有権主張から着手するとされたことから、一九八五年に同地の海上民兵が組織化されています。中国紙「国際先駆導報」によると、これらの岩礁に海上民兵は一九九〇年代から約五八〇回にわたり、石や鉄筋、セメントなど計約二六五万トンを運び、軍と協力して港の建設を行ってきたといいます。現在、これらの海南島の海上民兵たちは、中国が領有権を主張する西沙諸島や南沙諸島で、人工島の埋め立て作業や滑走路建設の資材運搬にあたるなど、南シナ海全域に活動範囲を広げています。

中国の海洋進出においても先兵を務め、本来軍人ではない漁民が海上民兵として活用されていることは、中国が意図する現代の戦いの様相を強く示唆しています。

これらの海上民兵は人民解放軍の下で訓練に参加するとともに、彼らの船には中国の衛星測位システム「北斗」を活用した通信機材まで供与されており、海軍や中国海警局との統合的な運用が可能になっています。二〇一四年八月にトンキン湾で実施された海軍、海警局、海上民兵の合同訓練では、掘削プラットホームを防衛するため、漁船には偵察や傍受の任務が与えられました。いわば中国人民解放軍は、海上における「人民戦争」の準備を海上民兵の育成を通じて行っているのです。[21]

二〇一五年一〇月に、米国が中国による南沙諸島における人工島造成に対する示威行為として、米海軍の駆逐艦「ラッセン」にスビ礁から一二海里以内を航行させた際にも、中国は海上民兵を繰り出し、米国に対する嫌がらせを行わせています。こうした海上民兵の活用は、中国海軍という軍事力の赤裸々な展開によって他国と国際的紛争を起こすことが、国際法上、不適切との認識を実は中国も共有していることを逆説的に示しています。

中華人民共和国憲法第五五条一は、「祖国を防衛し、侵略に抵抗することは、中華人民共和国のすべての公民の神聖な責務」とし、加えて同条二において、「法律に従って兵役に服し、民兵組織に参加することは、中華人民共和国公民の光栄ある義務」と規定しています。すなわち、南シナ海における海上民兵の活動は、中国の憲法が定める国民としての光栄ある義務なのです。

人民軍によるいわゆるゲリラ戦の古典的ドクトリンを完成させたのは毛沢東でした。一九三八年五月に著された『持久戦について』というゲリラ戦の指南書において、抗日戦争を進める上で、毛沢東は次のように指摘しています。

このようにみてくると、長期でしかも大規模な抗日戦争は、軍事、政治、経済、文化の各方面での犬歯錯綜した戦争であって、これは戦争史上の奇観であり、中華民族の壮挙であり、天地をゆるがす偉業である。……**全中国人はみなこの犬歯錯綜した戦争に自覚をもって身を投ずべきである。**これこそ中華民族がみずから自己を解放するための戦争形態であり、半植民地の大国が二〇世紀の三十年代と四十年代におこなっている解放戦争の特殊な形態である。

今、アジアの海洋において、かつての毛沢東のゲリラ戦のドクトリンが、新たな様相で展開されていると見ることもできるでしょう。リデルハートは、敵の意表をつく行動と、敵の抵抗力が最も弱い路線を選ぶという意味で、間接的アプローチ戦略が重要であることを指摘していますが、孫子以来の中国の伝統的な戦略思想は、もともと「間接的」なのです。

毛沢東の著した『遊撃戦論』においては、戦争を三段階に分け、彼我の戦力比が味方に不利な第一段階では戦略的防御を、戦力比が改善されつつある第二段階では戦略的対峙を、戦力比が有利な段階となる第三段階では戦略的反攻へと移行することを基本としています。

一九八九年の天安門事件による国内混乱の中で、鄧小平が示した「冷静観察、沈着応付、韜光養晦、有所作為」という基本方針は、低姿勢で力を養い、時を待ち、為すべき所で力を振るうということを意味していました。しかし、二〇〇九年に胡錦濤が対外戦略方針として、「堅持韜光養晦、積極有所作為」を表明すると、中国の対外進出は一層積極的な色彩を帯びるようになったのです。

これは、すなわち韜光養晦を堅持しつつも、積極的に為すべきところで力を振るうという対外進出の意思を明らかにしたものであり、毛沢東の遊撃戦論に従えば、戦略的対峙の時代に入りつつあることを意味しているのかもしれません。

第八章　ロシアによる「非線形の戦争」

マスキロフカ

二〇一四年に起きたウクライナのクリミア半島と東部二州をめぐるロシアの関与も、同様に間接的な手法に満ちています。

これまで一度としてロシアは、正規軍をウクライナに派遣したことは認めていません。なぜなら、隣国の了解なくして正規軍を隣国に投入することは国際法に対する明らかな挑戦だからです。国連安保理常任理事国でもあるロシアが国際法をそのように赤裸々に侵犯することはありえないのです。

二〇一四年六月にＮＡＴＯ事務総長に提出された専門家による報告書は、ウクライナにおけるロシアの方法論を次のようにまとめています。

ウクライナの危機は、ＮＡＴＯ加盟国にとって脅威を明らかにしました。それは、大衆的なディスインフォメーション・キャンペーンや、サイバー攻撃、時折地元民を装う特殊部隊の活用、地元の代理人の動員、力と経済的な強制の誇示を通じた脅迫からなる非線形をなしています。[22]

それでは、そもそもロシアでは、現代の戦略環境をどのように捉えているのでしょうか。二〇一三年二月、ロシア軍の制服組トップであるヴァレリー・ゲラシモフ参謀総長は、「予測における科学の価値」という論文（「軍需産業クーリエ」二〇一三年二月二七日付）において、次のように指摘しました。

二一世紀においては、戦争と平和の状態に引かれた線が曖昧となり、戦争はもはや宣言されず、見慣れない方式にしたがって、戦争が始まり、進行するようになった。……戦争のルールそのものが変わってしまったのである。

政治・戦略的目標を達成する非軍事的方法の役割が大きくなり、多くの場合、その効果においても兵力を上回ってしまった。……紛争の応用の焦点が、政治、経済、情報、人道、その他の非軍事的手段を広範に使用する方向に変化し、これらが、人々の抗議のポテンシャルと調整された形で適用されるようになったのだ。

この点をさらに補強しているのは、別名ゲラシモフ・ドクトリンとも呼ばれる、二〇一四年一二月二五日に改定されプーチン大統領の承認を得たロシアの軍事ドクトリンです。この新軍事ドクトリン第一五条では、現代の軍事紛争の特徴および特質として、次の九点を挙げています。

①軍事力、政治的・経済的・情報その他の非軍事的性格の手段の複合的な使用による国民の抗議ポテンシャルと特殊作戦の広範な活用
②精密誘導型兵器及び軍用装備、極超音速兵器、電子戦兵器、核兵器に匹敵する効果を持つ新たな物理的原理に基づく兵器、情報・指揮システム、無人航空機及び自動化海洋装置、ロボット化された兵器及び軍用装備の大量使用
③グローバルな情報空間、航空・宇宙空間、地上及び海洋において敵領域の全縦深で同時に活動を行うこと
④軍事活動を実施するまでの準備時間の減少
⑤垂直的かつ厳密な指揮システムからグローバルな部隊及び指揮システムネットワークへの移行による部隊及び兵器の指揮の集中化及び自動化
⑥敵対する国家の領域内において、つねに軍事活動が行われる地域を作り出すこと
⑦軍事活動に非公式の軍事編成及び民間軍事会社が関与すること
⑧間接的及び非対称的な手段の利用
⑨政治勢力、社会運動に対して外部から財政支援及び指示を与えること

ここでは形を変えたロシアへの敵の侵略に対する危機意識が顕著に現れています。敵がこのような間接的かつ非対称的な手段をとる以上、ロシア自身がこのような方法を用いることも考慮さ

れていないわけではないでしょう。その顕著な例が、ウクライナ危機おけるクリミア半島の「併合」と、ウクライナ東部二州のドンバス地域で現在まで展開されている特異な事態と考えることができます。

ロシアの特異な行動を考えるためには、クリミア半島とウクライナ東部に現れた、覆面を被って地方政府庁舎を占領した「小さな緑の男たち」のことについて語る必要があります。そこでは、彼らが被っていた「覆面」が問題となるのです。ここで問われているのは、ロシア語で「マスキロフカ」という覆面を被る行為の意味なのです。

ロシア人が描く新たな戦争は、ソ連時代の戦略思考を濃厚に引きずっています。ソ連において軍事的な欺瞞作戦を「マスキロフカ」と呼びました。マスキロフカとはロシア語で「隠されたもの」、すなわちカモフラージュを意味しています。敵を欺くために偽の情報を与えるという欺瞞戦略こそ、マスキロフカの意味するところです。

その目的は、事実や状況、あるいは認識の操作によって、メディアや世論に影響を与え、最終的には積極的に敵を支配し、戦争で最終勝利を得ることにあります。たとえば、第二次世界大戦の独ソ戦では、このマスキロフカを巧妙に行うことによってソ連はドイツから圧倒的な勝利を得ました。

第二次世界大戦中、ジューコフ元帥の下で戦われたスターリングラードの攻防や、ベラルーシにおいて行われたバグラチオン作戦でもこのマスキロフカが巧妙に実践されています。バグラチオン作戦では、赤軍は攻撃の場所や、規模、タイミングに関して偽りの軍団の集積をドイツ軍に見せつける欺瞞戦略がとられました。この結果、それまで九〇万人を誇ったドイツ中央軍集団は、ほぼ四〇万人が死傷し、一〇万人がソ連の捕虜となるという惨敗を喫したのです。

一九六二年のキューバ危機の際にも、ソ連がキューバに核ミサイルを運搬するにあたって、これを巧妙に隠匿するというマスキロフカが駆使されています。敵の目を欺くためにアナディル作戦と名付けられています。アナディルとは、シベリアにある、ベーリング海へそそぐ川の名前です。核ミサイルは、寒いソ連の極東に運搬されるという偽装が丁寧に施され、キューバに向かう部隊には、本当の行先を告げず、冬用の装備一式の携行が命じられました。

そして、米国がソ連のキューバへの核ミサイル持ち込みという意図に気づいてからも、そのような意図は全くないとのフルシチョフからの公式メッセージまでがケネディ大統領に伝えられました。キューバ危機へ至るソ連の一連の動きは、マスキロフカによって彩られているといっても過言ではありません。

ウクライナをめぐる紛争において、ロシアはこのマスキロフカを中心とする欺瞞戦略にしたがった行動をとってきたと見ることができます。クリミア半島に突如現れ、政府庁舎などを制圧した覆面をした緑の服を着た男たちは、結局、ロシア軍の特殊部隊であったことが、時間がたってからようやく明らかとなっています。

「現在の戦争とはプロセスの一部」

一人のロシア人作家が、このような戦争や軍事ドクトリンを先取りするかのように、近未来の戦争の姿を短編小説として書いています。ナタン・ドゥボヴィツキーがロシアによるクリミア併合の数日前に出版した『Without Sky』です。その中で、戦争で負傷した少年が幻想的に第五次世界大戦の模様を語るのです。その中で、ドゥボヴィツキーは、この新たな戦争が、「ノン・リニア・ウォー」、すなわち非線形の戦争であると断定しています。

これは、**最初の非線形の戦争なのだ。**一九世紀や二〇世紀または他の世紀における原始的な戦争においては、戦いは、二者の間で普通戦われたものだ。すなわち、二つの国家、ないし二つの同盟の間で。しかし今や、四つのコアリションが同時に対峙している。これは二対二の戦いでもなく、三対一の戦いでもない。これはすべての者のすべての者に対する戦いなのだ。

この戦場では、二者が明確に対立するというわけではありません。戦う者は好きなようにその立場を入れ替わることができ、どの立場にもなることができるのです。そこでは、不明瞭さと不明確さが戦争を支配しています。戦争の本当の姿を見極めたいと思う者は混乱せざるをえないでしょう。

このような複数の当事者が対峙し終わりのない戦闘を繰り広げる状況は、シリアにおいて実際に展開されています。そこではアサド政権がシリア反体制派を攻撃し、その反体制派の中でもイスラム主義者と自由シリア軍が相互に戦い、イスラム主義者の中でもダーイシュとヌスラ戦線が自らのイスラムの正統性をめぐって血生臭い乱闘を演じ、あげくには少数民族のクルド人たちも自らのサバイバルのためにこれらのイスラム主義者と戦うといった、二重どころか、三重にも四重にもねじれた戦いが並行して起きているのです。

小説が描く非線形の戦争は、完全に音を消去するシステムによるテクノロジーを使用した、音のない戦争です。また、使われる兵器のほとんどは、操縦士が乗っていない無人化されたものなのです。この近未来の世界ではすべてが自動機械化されています。そこでは兵器ばかりか、ホテルにもスタッフはおらず、家にも人は住まず、政府にすら操縦を司る者がいないというほどです。そして、この第五次世界大戦では、戦争の目的も多義的になります。

この短編小説の中で、作家ナタン・ドゥボヴィツキーは現代の戦争の本質を次のように捉えます。

> 過去の単純な司令官たちは勝利のために尽力した。今では彼はそのように馬鹿げた行動はとらない。もちろん過去の習慣にしがみつき、「勝利は我々のものだ」というような古いスローガンを資料庫から取り出してくる者もいくらかはいるかもしれぬが。いくらかの場所では、これでもうまくいくことはあろう。**しかし、基本的に現在、戦争として理解されるものはプロセスなのだ。より正確に言えば、プロセスの一部、その核心的な、しかし、最も重要とは必ずしも言えない、部分なのだ。**

実は、このナタン・ドゥボヴィツキーと名乗る作家は、現在、プーチン大統領を支えているアドバイザーの一人、ヴラディスラフ・スルコフの偽名です。スルコフは、もともと芸術家出身で、プーチン大統領の補佐官として、そのイデオロギー戦略やメディア対応のすべてを担っているといっても過言ではない人物です。ロシア政府のスピン・ドクターと言われるほど、政治的な表象操作に長けたスルコフは、現代の戦争のあり方を正確に捉えています。

スルコフのこの短編小説は、クリミア半島のロシアによる「併合」、そして、その後のドンバス地域において繰り広げられた、さまざまなプレイヤーが参加する紛争の成り行きをすべてふまえたかのようです。実際に、現実にウクライナで起きている「非線形の戦争」では、ウクライナ政府、親露派分離主義者、ロシア、NATO、欧州、米国といった複数の当事者が、終わりの見えない戦場で戦っています。また、現在のドンバス地域では、無数の無人機が偵察目的であれ、攻撃目的であれ大空を飛び交っています。そのような特異な戦争では、たしかにスルコフの小説のように、けっして明確な勝者や敗者も見いだせないままに、先鋭化されたプロセスのつねに「一部」のみが終わりなく続くことになります。

ロシアが特殊部隊などの非正規軍に加えて、正規軍をその重装備とともにウクライナの領内に浸透させたことは、その後の経緯からほぼ明らかになっています[23]。そうした事実でさえ、ロシアが認めることは金輪際ありえないでしょう。あくまでも、ロシアも尊重する現代の国際法の下では、事実がどうであれ、法的にはウクライナの反政府勢力が主役なのであり、ロシアという主権国家がウクライナという主権国家を侵犯することはあってはならないのです。

いくらウクライナ政府が、ウクライナ東部二州の領土内におけるロシアの明白な軍事的関与を主張しても、ロシアが関与を認めない以上、ウクライナの主張は宙に浮かざるを得ません。そして、ウクライナ政府が戦う戦争は、あくまでもウクライナ領内の反政府勢力との内戦にしかすぎなくなります。

このような戦争——すなわち、時折、実際の戦闘が行われはするものの、多くの場合には政治的な言説が繰り広げられ、けっして当事者が戦闘に加担している事実は認められない——は、アブハジアや、南オセチア、トランスニストリアなどのロシアの周縁において見られています。

それは、熱い平和であり、同時に冷たい戦争であるような非論理性に満ちている世界です。相手の軍事的反応が正当化されず、不釣り合いとなるような閾値（いきち）以下の、不明瞭で曖昧な状況が意図的に創りだされているのです。法律上はけっして戦争状態にないにもかかわらず、事実上、戦争状態におかれているという倒錯した世界です。

新しい戦争をこのように理解するならば、それをハイブリッド戦争と呼ぶか、ノン・リニア戦争と呼ぶかという名称の問題は、多分に趣味の問題となります。

第九章　ダーイシュの「野蛮の作法」

ダーイシュが展開する戦いも、新しい戦争です。

イスラムの聖典コーランから引用されてきた言葉のベールで飾られたその戦術を、イスラムから切り離して、現代の戦争という観点から解析すれば、彼らの確信的行為の意味がより明白となるでしょう。

そのダーイシュの戦術は、ゲリラ戦法、テロリズム、そして通常兵器による戦闘をミックスしたハイブリッドなものに成長してきました。特に、イラク軍及びシリア軍からさまざまな通常兵器を獲得したことは、ダーイシュを小国家の軍隊並みの組織へと変貌させています。

これまでダーイシュは、次の三つの戦術を駆使してきています。

①移住（ヒジュラ）の実行
②忠誠（バイア）の誓い
③一匹狼型の攻撃（ジハード）の煽動

第一に、彼らの雑誌「ダービク」は、西欧やアラブ諸国に住む人々に対して、「イスラム国」への移住（ヒジュラ）を推奨しています。これは初期のイスラム史において預言者ムハンマドがメッカからメディナへと移住を行い、異端者らとジハードを戦った史実を象徴的に活用していきます。自発的な移住を推奨することで、結果的に彼らの戦闘に必要な兵士を容易にリクルートできることになります。多くの外国人戦闘員の流入も、彼らのイスラム史のメタファーの狡猾な利用に基づくものなのです。

第二に、「イスラム国」へ容易に移住できない場合には、現在、住んでいる場所において、ダーイシュに忠誠（バイア）を誓うことを要請しています。その結果、世界各地の過激派組織が、ダーイシュに忠誠を相次いで表明。自称カリフのバグダーディはこれに対して、各地の州（ウィラーヤ）をダーイシュが承認することを示唆している。こうして、世界のイスラム主義者が住む地域が次々に、忠誠を誓うだけで、あたかも「イスラム国」の一部となるという錯覚を作り出しているわけです。

第三に、ダーイシュのスポークスマンであるアブ・ムハンマド・アドナーニは、二〇一四年九月に、世界各地での個人による一匹狼型の攻撃（ジハード）の実行を呼びかけました。この呼びかけが、有志国によるダーイシュに対する空爆の開始と時期が重なったことは偶然ではありません。それ以降、欧米諸国において、過激なイスラム主義者による無数の攻撃や未遂事件が続発するようになっています。ダーイシュのあらゆるメディア媒体は、強烈な映像とレトリックを駆使して、個人による攻撃を推奨しているのです。

いずれもイスラムという宗教に関わる言葉や、歴史、そしてロジックをすべて駆使した上で、ダーイシュにとって最も費用対効果があがる形で、彼らの戦争を遂行するわけです。これは、一定の土地と人間を支配し、軍隊や治安組織を十全に兼ねそなえる主権国家には到底及ばないダーイシュが、自らの弱さを補うために巧妙に考え出した非対称戦略なのです。自らの組織を「イスラム国」と呼び、国家に限りなく近いという共同幻想をイスラム教徒に抱かせるのは、むしろ国家にはけっしてなることができないダーイシュの限界を露呈しているにすぎないのです。

ここに一冊の大著があります。『野蛮の作法』と名付けられたイスラム主義者のための一種の指南書です。もともと二〇〇四年にアブ・バクル・ナージという人物の名前で、インターネット上に投稿されています。そこには、イスラム主義組織が目指すべき戦略が赤裸々に提示されています。

アブ・バクル・ナージは、ジハード諸組織にとって、長期的なプロパガンダの機会を獲得するため、民族的・宗教的な復讐心や暴力を創り出し、それをマネージすることが必要な点を強調しています。また、戦闘員をリクルートし、殉教者を出す上で、大国からの軍事的反応を引き起こすことの有益性を指摘します。そして、確信的なジハード主義者による長期的な消耗戦こそが、大国の本質的な弱点を露わにするであろうことも強調されるのです。

実は、『野蛮の作法』の中では、敵を火刑にすることすら、七世紀の初期イスラム時代に預言者ムハンマドの教友であったアブ・バクル（初代正統カリフ）も行ったことだとして、この極刑を推奨すらしています。

アブ・バクル・ナージは、恒常的な暴力をイスラム諸国で継続することにより、これら諸国が弱体化し、結果として、イスラムが勃興する七世紀よりも以前にあった無秩序な状態、すなわち「野蛮」（アラビア語で「タワッフシュ」という）が生じ、これに乗じて、シャリーア（イスラム法）を広め、安全と社会サービスを提供することで、人々の人気を集め、それらの領域に最終的にカリフ制を打ち立てることを提示したのです。

すなわち、無秩序が支配する野蛮な状態を意図的に創り出し、それを狡猾に活用することにより、人々を支配していくこと。これこそがサラフィー・ジハード主義者がそもそも戦略的に目指しているものなのです。

この指南書をよく読み込んだのがダーイシュの幹部であったのでしょう。アブ・バクル・ナージの教えを正確になぞった考えが、ダーイシュの発刊する「ダービク」という宣伝雑誌にうんざりするほど出てくるのです。たとえば、二〇一四年七月に発刊された「ダービク」一号では次のような戦略が明らかにされています。

これらの攻撃によって異端者の軍隊は、田舎の領土より部分的に撤退し、主要な都市において再編されるであろう。（ダーイシュの）集団はこの状況を利用して、すべての地域における偶像崇拝者のレジームの完全な崩壊を導くように混乱を拡大させるのだ。これは、野蛮（タワッフシュ）と呼ばれる状況である。次のステップは、完全な国家に発展させ、偶像崇拝者の支配下にある領域に継続的に進出拡大するように状態をマネージし、この空白を埋めることにある。

このようにして「野蛮」な領域が拡がれば拡がるほど、ダーイシュの「幻想の国家」は大きくなっていきます。「イスラム」を錦の御旗にすることで、世界の諸国から戦闘員をリクルートし、暴力を拡大し、宗派間の対立を煽り、イラクとシリアという国家を恐怖に引きずり込み、そして、アラブの春以降の力の空白につけこみ、リビアやエジプトなどの周辺の国々まで巻き添えにしようとしています。

ダーイシュが欧米人や日本人の人質の斬首を行い、ヨルダン人の空軍パイロットを火刑にするのは、極刑それ自体が目的ではありません。そのような行為を巧妙に処理されたビデオに創りあげ、ツイッターなどの新しいソーシャル・メディアを通じて斬首の映像と強烈な脅迫メッセージを拡散させ、そして、最終的にそれを見るいかなる者の心をも自由に操ること。これこそが、彼らの戦略的な目標なのです。

このような特異な戦争においては、実際の戦いは、シリアやイラクから遠く離れた世界における人々の心で行われることになります。ダーイシュは、対反乱作戦において重視された、人の心を摑むという心理作戦を、ソーシャルネットという疑似空間においてイスラムのレトリックを狡猾に活用した上で実践しているのです。

極端に移民の割合が高いパリの東部郊外や、さらにはブリュッセルのモレンベーク地区といったヨーロッパの「イスラム地域」において、野蛮の作法がインターネットを通じて学ばれ、欧州社会に適応できない若い移民二世や三世の心を揺り動かし続けています。

その結果として、無辜の欧州市民の多くがその犠牲となり続けている冷酷な現実は、ダーイシュの戦略の実践にすぎないのです。欧州で生まれた移民の子どもたちの心の中で、野蛮な領域＝タワッフシュの闇が拡がり続ける限り、残念ながら欧州でのテロは終わりが見えないものとなるでしょう。

---

1 翻訳は筆者による。Theodore H. White, In Search of History: A Personal Adventure, Harper & Row, 1978, p.224. 邦訳はセオドア・ホワイト『歴史の探求　個人的冒険の回想（上）』、サイマル出版会、一九八一年、二九五頁

2 リデルハート『戦略論　間接的アプローチ（上）』、原書房、二〇一〇年、序言

3 マーチン・ファン・クレフェルト『戦争の変遷』、原書房、二〇一一年

4 Rupert Smith, The Utility of Force: The Art of War in the Modern World, New York: Knopf, 2005

5 http://www.brookings.edu/research/podcasts/2015/06/un-peacekeeping-fog-of-peace

6 Derek Gregory, The everywhere war, The Geographical Journal, vol.177, No.3, 2011

7 Derek Gregory, The everywhere war, The Geographical Journal, vol.177, No.3, 2011, pp.238-250

8 Frank G. Hoffman, Conflict in the 21st Century: The Rise of Hybrid Wars, December 2007

9 ハイブリッド戦争、複雑な戦争、第四世代戦争の定義については、次を参照。Frank G.Hoffman, Conflict in the 21st Century: The Rise of Hybrid Wars, Potomac Institute for Policy Studies, 2007, Thomas Huber, ed., Compound Warfare: That Fatal Knot, Fort Leavenworth, KS: U.S. Army Command and General Staff College Press, 1996; T.X. Hammes, Insurgency: Modern Warfare Evolves Into a Fourth Generation, Strategic Forum No. 214, National Defense University Press, January 2005

10 UK Ministry of Defense, Strategic Trends Program Future Operating Environment 2035, https://www.gov.uk/

government/uploads/system/uploads/attachment_data/file/484861/20151203-DCDC_FOE_35.pdf

11 この「境界の曖昧さ」については、次のランド研究所の報告書が参考となる。Strategic Information Warfare, Rand, 1996

12 シスコシステムズ合同会社「ＤＤｏＳ攻撃の軽減対策」を参照。http://www.cisco.com/web/JP/product/hs/security/gdma/tech/gdda_wp.html

13 Statement for the Record Ms. Betty Sapp, Director, National Reconnaissance Office before the House Armed Services Committee Subcommittee on Strategic Forces, 25 March 2015

14 Statement by Lieutenant General John "Jay" Raymond, USAF, Commander, Joint Functional Component Command for Space before the House Armed Services Subcommittee on Strategic Forces, 25 March 2015

15 Elbridge Colby, From Sanctuary to Battlefield: A Framework for a U.S. Defense and Deterrence Strategy for Space, The Center for A New American Security, January 2016

16 この点については、たとえば以下の分析を参照。Haroro J. Ingram, "Three Traits of the Islamic State's Information Warfare", The RUSI Journal, 23 December 2014

17 Peter Pomerantsev and Michael Weiss, The Menace of Unreality: How the Kremlin Weaponizes Information, Culture and Money, Institute of Modern Russia and the Interpreter

18 http://www.stratcomcoe.org/NewsandEvents/News/2015/5/12.aspx

19「瓦解戦」については、以下を参照。研究部第六研究室二等陸佐 齊藤良「漁船衝突をめぐる日中の角逐をどう見るか」、防衛研究所コメンタリー第一五号、二〇一〇年一〇月一五日 http://www.nids.go.jp/publication/commentary/pdf/commentary015.pdf

20「三戦」についての浩瀚な分析は、次を参照。Stefan Halper, China: The Three Warfare, May 2013

21 Andrew S. Erickson and Conor M. Kennedy, Meet the Chinese Maritime Militia Waging a 'People's War at Sea' The Wall Street Journal, March 31, 2015

22 Collective Defense and Common Security Twin Pillars of the Atlantic Alliance Group of Policy Experts report to the NATO Secretary General, June 2014

23 Igor Sutyagin, Russian Forces in Ukraine, Briefing Paper, RUSI, March 2015

第二部

国際秩序の変動と歴史の逆襲

第一章　ウェストファリア秩序――国際秩序の根底にあるもの

三つの国家類型

それでは、私たちの生きている世界の秩序を脅かしている本当の敵の正体とは、一体何なのでしょうか。この点を考えるにあたっては、英国の外交官であったロバート・クーパーが『ブレイキング・オブ・ネーションズ』[1]で提示した分析が参考になります。

クーパーは、二一世紀に同時に併存する国家類型を、「プレモダン」「モダン」「ポストモダン」の三つに区分しました。

プレモダン圏には、政治、経済的にも脆弱なため有効な統治を行うことができず、内戦などによって主権国家を確立することが困難な国々があてはまります。モダン圏では、国々の行動原則が国家主権に基づくものとなり、軍事力を通じた勢力均衡などに重点を置くものになります。そこでは、経済でも国家の果たす役割が大きいことが特徴です。

一方、ポストモダン圏では、民主主義や自由主義といった価値が普遍化し、国境の壁が著しく低くなり、国家は相互依存を高め、相互信頼や透明性に基づく多元的な安全保障共同体が確立するようになります。

日本やヨーロッパ諸国などの先進民主主義国はポストモダンに、中国やロシアなどはモダンに、そして、中東やアフリカの多くの破綻国家は依然としてプレモダンの特徴を有しているとみなしたのです。

この三分類の中でも、プレモダンとモダンの間には大きな断絶があります。国家主権に基づく国際社会という近代システムの有無こそが、プレモダンとモダンを分ける分水嶺にあるという点です。ダーイシュがサイクス・ピコ協定を糾弾するとともに、近代国家にとって必要不可欠な「国境」という概念を否定する時、ダーイシュとの戦いに賭けられているものが、プレモダンとモダンを分ける分水嶺であることに気付くことは難しいことではないでしょう。

他方、中国による国際法に準拠しない南シナ海での行動や、クリミア編入などのウクライナにおけるロシアの行動は、ダーイシュが提示している問題とは異質なものです。なぜなら、両国ともに近代の主権国家に基づく国際秩序を否定しているわけではないからです。むしろ両国ともに内政干渉を否定し、主権国家の平等を強く主張している点では、最も典型的なモダンな国家と言えるでしょう。しかし、これらの国々においては、周辺の第三国の国家主権を侵してまで、自らの「核心的利益」や事実上の「勢力圏」を守ろうとする一方的行動が国際社会から問題視されているのです。

一方、先進民主主義国家においては、さまざまな相互依存が進むとともに、自由民主主義や人道・人権といった価値に重きが置かれるようになり、従来の国家主権の絶対性に対する相対的な見方が台頭しています。ＥＵといった超国家組織が機能しているヨーロッパは、まさにポストモダン圏の典型と言えます。

これらの三つの性質の異なる圏が現代において同時に併存している事実を冷静に認識できなければ、いつまでたっても私たちは、共通の言語で言葉を交わせないばかりか、世界の混乱に立ち向かう術（すべ）を見つけることもできないでしょう。世界の底が抜け落ちようとしている今、私たちは国際秩序そのものにとっての善悪をしっかりと見極めねばなりません。それは個人にとっての善悪という意味でもなく、特定の国家の国益から判断されるものでもありません。

あくまでも、それは国際秩序にとっての善悪でなければなりません。国際秩序を成り立たしめている普遍的な規範とはそもそも一体何なのか、そして、そのような規範にとって受け入れがたいものが何であるのか、これらを知ることが、私たちにとって最も重要な課題なのです。

私たちにとって混乱しているように見えるこの世界は、必ずしも特定の悪が存在しているから混乱しているわけではありません。混乱の原因となっているのは、私たちが当然と思っていても、他者から見ればそうではないと考えられるような規準の「ずれ」が生じていることにあるのです。そのような世界では、他国の行動を規制していたはずの規範が弱まり、他国がいかに行動しようとしているのか、誰も理解できなくなっているわけです。

このためには、現在の国際秩序が、一六四八年以降のウェストファリア体制というヨーロッパ近代の枠組みの中で生まれ、一九世紀後半から一挙に世界大に拡がった普遍的規範であるという認識からはじめる必要があります。英国の国際政治学者ヘドリー・ブルは、国際秩序を、「主権国家から成る社会、あるいは国際社会の主要な基本的な目標を維持する活動様式のことを指す」

と定義しました。[2] このような国際秩序は、一七世紀の三十年戦争の後にはじめて生まれた、主権国家からなる国際システムなのです。それは、各々の国家に主権を認め、国家の間で国際的な紛争や課題を解決するという秩序であり、こうした主権国家の関係の基礎となるのが、近代の国際法なのです。

この背景には、二〇〇年近く続いた宗教改革の最後に起きた三十年戦争が、ヨーロッパに筆舌に尽くしがたい殺戮や流血、社会のアナーキーをもたらしたことがあります。その結果、ヨーロッパは存亡の危機に立つことになったのです。[3]

三十年戦争の惨禍

三十年戦争は、ボヘミアの新教徒とカトリック教徒との間の対立が発火点になりました。当時、ハプスブルク家の支配下にあったボヘミアでは、新教徒の増大とともに信教の自由が認められつつありました。しかし、フェルディナント二世が神聖ローマ帝国の皇帝位を継ぐと、熱烈なカトリック教徒であったフェルディナント二世は、新教徒の弾圧に乗り出しました。これに反抗した新教徒は一六一八年にプラハの王宮を襲撃し、国王顧問官二人と書記を窓から投げ、殺そうとします。この小さな事件が、その後三〇年続く戦争の始まりでした。

これを機会に、新教徒であったボヘミアの諸侯が団結し、ハプスブルク家に反旗を翻したのです。そして、この神聖ローマ帝国内のプロテスタントとカトリックの争いは、スウェーデンやデンマーク、フランスを巻き込んで、初期の宗派対立から国家間の戦争へと断続的に発展していきます。神聖ローマ帝国内の領邦の中でも、ルター派のザクセン選帝侯が神聖ローマ皇帝に味方し、また、カトリック国であるフランスがハプスブルク家に対抗してスウェーデンに味方するなど、宗派の違い以上にそれぞれの国の利害に沿って、戦争が拡大して行きます。

三十年戦争を描くにあたって一九世紀のフランスの歴史家ジュール・ミシュレはこう述べています。

> **三十年戦争に突入した時、人類の歴史はあたかも終焉してしまったかのように見える。そこにはもはや人間もなければ国家もなく、あるのは物や、物事を構成する要素だけである。**かくなる野蛮な時代は野蛮な方法をもって語らなければならない。そして情け容赦なく、全体を支配するものを浮き彫りにしなければならない。すなわち戦争の荒々しさと、その手段であった兵士の粗暴さとを。（ジュール・ミシュレ『フランス史 Ⅳ』、大野一道ほか監修、藤原書店、二〇一〇年）

三十年戦争の様子を版画にした一人の版画家がいます。ロレーヌ公国で一五九二年に生まれた版画家ジャック・カロは、一六三三年に刊行された「戦争の惨禍」と題する版画一八点を残しています。

ロレーヌ公国は、現在のフランスのナンシーを中心とする公国でしたが、神聖ローマ帝国とフランスの間に挟まれた地形から、幾多の戦禍をうけざるをえませんでした。三十年戦争中は、新教徒軍の侵攻に対する北方の砦としてロレーヌ公国は位置付けられました。ところが、新教徒軍と組んだフランスは領土拡張を意図し、ロレーヌ公国の占領を試みるのです。

もっとも、ロレーヌ公国の勢力は他のヨーロッパ諸国と比較して劣勢にあったため、とりわけその農村部が略奪の対象となったのです。ジャック・カロは、その農村での略奪の惨禍を銅版画に克明に記しました。その中には、戦争の合間に農家を略奪する兵士の姿や、兵士たちによる絞首刑や銃殺、焚刑、農民による兵士の殺戮などが事細かに描かれています。[4]

「農家略奪」と名づけられた版画は、兵士たちの極度な残虐性を示しています。正面奥には、女を手籠めにする兵士、左端には男の眼をえぐらんと脅迫をする三人の男たちが、同時に女から財布を強要しています。後景右端には、老人の足が炎であぶられている情景や、逆さ吊りにされた農民が描かれます。前景右端の小部屋では、娘が手籠めにされています。前景左端には、逃げる農夫を刺し殺そうとしている兵士や、女の髪の毛を鷲摑みにする兵士たちが、これでもかというほどに描かれるのです。

戦争による惨禍と同時に襲ったペストや飢饉の結果、ジャック・カロの晩年の一六三〇年代半ばには、ロレーヌ公国の人口は、わずか三分の一に激減します。また、ロレーヌ公国の臣民はフランスへの忠誠を誓わされ、これ以降、ウェストファリア条約が締結されるまでフランスに占領されました。

また、三十年戦争にも兵士として従軍した小説家グリンメルスハウゼンは、そのバロック小説『阿呆物語』の中で、三十年戦争を生き抜くジムプリチウスを主人公として、主人公の視線を通じて、戦争の悲惨さと滑稽さを同時に描写しています。

その物語の中では、兵士と百姓の意味のない殺戮と復讐の応酬が極限まで描かれます。『阿呆物語』の第一巻第四章は、三十年戦争を描いた最も悲惨な光景の一つと考えられています。兵士がなだれ込んだ農家での狼藉ぶりを主人公ジムプリチウス少年の視点から、グリンメルスハウゼンは次のように描きます。

> 私たちの下婢のアンは厩でさんざんな目にあい、厩から出る気力もないほどであった。それをここで語ることさえ恥ずかしいほどである。下男は手足を縛られて地面にころがされ、口へ木片を立てられて口をふさがらなくされ、臭い水肥を乳搾りの桶から口へ注ぎこまれた。兵隊たちはそれをスウェーデン・ビールと称したが、下男にとってはありがたくないビールであったらしく、百面相をしてもがいた。下男はついに往生して、兵隊の一部をどこかへ案内して行ったが、やがてその兵隊たちは人間と家畜を引き連れて戻ってきて、私たちの中庭へつれこんだが、そのなかには私のちゃんとおっかあ、そしてウルゼレもいた。
> それから兵隊どもは短銃の撃鉄から燧石（すいせき）を取り外ずし、そこへ百姓たちの手の拇指をはさんで締めつけ、憐れな百姓たちを魔女でも焼き殺すかのように責めたて、捕えられてきた百姓の一人などは、まだなんにも白状しないうちからパン焼き竈の中へ放りこまれ、火をつけられようとしていた。他の一人の百姓は頭のまわりに綱を巻きつけられ、その綱を棒切れで絞られ、口や鼻や耳から血が流れ出た。要するにどの兵隊もそれぞれ新工夫の手段で百姓を

痛めつけ、どの百姓もそれぞれお抱えの拷問者に痛めつけられた。……連れてこられた女や下婢や娘がどうされたかは、兵隊どもが私にそれを見せようとしなかったから、私にもよくわからない。しかし、あちらの隅やこちらの隅から悲鳴がきこえたことは、今もよく覚えている。私のおっかあもウルゼレも、ほかの女たちと同じ目にあったと考えられる。[5]

三十年戦争の結果、神聖ローマ帝国下（現在のドイツ）の領邦の人口はおよそ三分の一まで減少したと言われています。何十年と続くこのような究極のアナーキーに終止符を打ったのが、ウェストファリア条約なのです。

フランス革命後の混乱の中で、シラーは、一七世紀の三十年戦争の歴史とそれを終わらせたウェストファリア条約を、新たな時代の指針とみなそうとしました。シラーは次のように言います。

ウェストファーレンの名の下に名高いこの神聖不可侵なる平和を締結することが如何なる難事業であったか。無限とも思われた障害を如何に克服しなければならなかったか。相反する諸々の利害を如何に調和させなければならなかったか。この困難な、高価な、長期に亙る政治工作を成就するために、色々な偶然の系列が如何なる相互作用を及ぼさなければならなかったか。交渉を開始するだけでも如何なる犠牲が払はれたか。継続する戦争の有為転変の中で、開始された交渉を中絶させせぬためには如何なる犠牲が払はれたか。事実完成した条約に調印し、厳かに布告されたこの条約を真に有効なものとするために、如何なる犠牲が払はれたか。——最後にこの平和の内容は何であつたか。三十年間の緊張と苦悩を通じて箇々の戦士の得たものと失つたものは何であつたか。ヨーロッパの社会が全体として如何なる利益と不利益とを収穫したか。——これらのことに就いては、筆硯を改めて説かねばならない。戦争の歴史はかくの如く壮大なる全体であつたが、ウェストファーレンの平和の歴史も亦同様に壮大にして独自なる全体であつた。（シルレル『三十年戦史』第一部、渡辺格司訳、岩波文庫、一九八八年）

ローマ教皇の怒り

それでは、このような犠牲の上に成立したウェストファリア体制とはいかなるもので、世界の秩序に何をもたらしたのでしょう。

一六四八年に成立したウェストファリア体制とは、神聖ローマ帝国下の二つの都市で署名された二つの条約からなるものでした。すなわちミュンスター講和条約とオスナブリュック講和条約です。ウェストファリア講和会議の最盛期には、一六の国家と神聖ローマ帝国下の六六の領邦の代表が集まったと言われています。

このウェストファリア条約によって、ローマ教皇の超越的な権威が否定されるとともに、神聖ローマ帝国下の領邦国家の主権と外交権が認められることになりました。また、スイスとオランダも正式に独立を認められました。一方で、神聖ローマ帝国の事実上の解体が促されました。この結果、これらの主権国家間の平等と内政不干渉が、ウェストファリア体制の基本原則となっていくのです。

最も重要な認識は、三十年戦争が宗教戦争であったという事実です。その結果として、ウェストファリア体制においては宗教的権威が一切否定されたのです。

この新しい体制下では逆に主権国家が宗教をその統制下におきました。具体的には、神聖ローマ帝国内におけるカトリック教徒と新教徒の間の闘争を終わらせた一五五五年のアウグスブルクの和議にある、領主が領土内の宗教を決定するという、"cujus regio, ejus religio"の原則が、改めて徹底されることになりました。三十年戦争が宗教戦争となったことの反省として、すべての宗派や宗教を尊重するとしても、その宗教的な議論の内容は、国際的な交渉のテーブルにおかれるべきではないという考え方が生まれたのです。

ウェストファリア条約の創出に関与した当事者すべてを突き動かしたのは、もし宗教にかかわる実質的な内容が議論の対象となるや否や、宗教紛争へとつながりかねないという恐怖でした。ウェストファリア体制が産んだ近代の国際システムとは、「手続き的なものであって、けっして実質的なものであってはならない」ということだったのです。[6]

同時に、この新たな国際システムの基本となったのは、唯一、主権国家であるべきという考え方です。そこには、国家を超える宗教的な権威や、国家以外のイデオロギーや都市国家や、帝国などが、国際システムを左右することを許容しないという前提があります。さらには、このようなシステムを円滑に機能させ、戦争の惨禍を新たにもたらさないために、主権国家間の合意や条約、そして一般的な規範が慫慂されるとともに、本格的な外交が展開されることになっていきます。

この結果、それまで宗教的権威として世界の秩序の中心にあったローマ教皇という存在は、その権威を当然ながら失わざるをえませんでした。

実際に当時のローマ教皇、インノケンティウス一〇世はウェストファリアの平和について、「無意味な、無効の、不当な、不正の、非道な、呪われるべき、邪悪な、空虚の、つねに意味をなさない」ものであると見なし、その怒りをその大勅書『ゼロ・ドムス・デイ』において露わにしました。

一方、ヨーロッパの宗教的権威であったローマ教皇の嘆きとは対照的に、フランスの宰相リシュリュー枢機卿は、三十年戦争という機会を捉えフランス国家の利益を最大にしようとしました。リシュリューは絶対王政国家として台頭したフランスの最大の功労者です。「シャルル・ド・ゴール」として知られるフランスの空母も、そもそも発注された際には「リシュリュー」と名付けられる予定であったことは、現代に至るまでフランスの国益をリシュリューが体現していたことを示しています。

リシュリューは、ルイ一三世を宰相として輔弼し、三十年戦争を通じて、強大なハプスブルク家に対抗しました。当時、ハプスブルク家は、複雑な婚姻関係を通じてオーストリア、スペイン、オランダをはじめとするヨーロッパ最大の支配者でした。

そのため、リシュリューはカトリックの国であるフランスを、プロテスタントの国であるスウエーデンに味方させたのです。一六三五年にルイ一三世は、ハプスブルク家のフェリペ四世に対して反旗を翻し、宣戦を布告します。神聖ローマ帝国を倒すためであれば、リシュリューには、平和をもたらすために暴力に訴えることばかりか、宗派の違いも問題にはなりませんでした。

こうして、リシュリューはフランス国家の利益を最大化し、次の時代まで続くフランスの確固たる地位と絶対王政の礎を築き上げます。リシュリュー枢機卿が、その人生の最後にあたって、自邸のパレ・カルディナル（現在のパレ・ロワイヤル）にて、贖罪司祭に「汝は汝の敵を愛しますか」と問われた際に、「私には国家の敵より他に敵はいなかった」と答えたと伝えられています。

すなわち、一六四八年を境として、ヨーロッパの秩序は、ローマ教会や神聖ローマ帝国による秩序から、平等な国家を中心とする秩序へと質的に転換したのです。

恐怖の総和が主権国家を生む

私たちの世界秩序の思想的基盤を形作る一群の近代の思想家たちが、この三十年戦争の前後に次々と輩出したことも、けっして偶然ではありません。宗教改革がもたらした血なまぐさい嵐の中でこそ、平和を構築するための思想が必要とされたからです。オランダではグロチウス、イギリスではホッブズ、フランスではデカルトといったヨーロッパの戦乱の中から台頭した思想家たちが、近代の国際システムを基礎づけていきます。

戦争が勃発したことを聞いた最初の混乱の中で、本当に確かな認識と知識を探求したのがルネ・デカルトです。デカルトは戦争の勃発を聞くと、自ら神聖ローマ皇帝フェルディナント二世の戴冠式に参列し、バイエルン公マクシミリアン一世下の兵士となることを選びました。そこで、「確か」と思われた宗教上の信仰によって大量殺戮が行われた現実に、デカルトは直面しました。自らの意識さえも疑う中で、デカルトは疑っている自分がいることに気づきます。あらゆるものを疑ったデカルトは、南ドイツのウルムの囲炉裏端で「我思う、ゆえに我あり」という認識にたどりつきます。デカルトに代表される近代の合理精神は、三十年戦争の只中で生まれたのです。

オランダに生まれたフーゴー・グロチウスは、一六二五年に『戦争と平和の法』を著し、オランダの独立を認めることになるウェストファリア条約の理論的基礎を創りました。グロチウスが近代国際法の魁（さきがけ）となるこの著作を著した理由は、三十年戦争初期の戦争のあまりの悲惨さにありました。グロチウスは、「キリスト教世界すべてにわたって、私は、野蛮な人種ですら恥ずべきと思うほどの戦闘での不法行為を見たのです」と記しました。

グロチウスは、国際関係のあり方を問題にする中で、一国の法を超えた複数国家間の共通法としての万民法の思想にたどりつきます。万民法は、これを支える普遍的な原理として自然法を取り込むことにより、主権国家の関係を規定する国際法へと次第に発展するのです。

グロチウスが、国家間の関係の基礎となる確かなものを国際法として認識したとすれば、ホッブズは、社会秩序の基礎となる確かなものを求めました。ホッブズが最初にとりかかったのはトゥキディデスの『歴史』の翻訳でした。紀元前四三一年から紀元前四〇四年まで続いた、スパルタとアテネの間に起きたペロポネソス戦争の歴史解釈は、三十年戦争と英国の内戦後の秩序構築を考えるヒントをホッブズに与えました。

ホッブズは、その著書『リヴァイアサン』（一六五一年）において、最初に、「万人の万人に対する戦い」が繰り広げられる自然状態を措定しました。そのような自然状態を克服するためには何が必要となるのでしょうか。ホッブズは、国家理性に主権を委ねるという判断が、この闘争を終わらせる唯一の方法だと考えたのでした。

自然状態におかれた人間の恐怖が人々を駆り立て、その恐怖の総和が、すべての主権を国家に委ねることで、そこに安定と秩序をもたらす絶対的な国家が誕生するのです。すなわち、ホッブズの「主権国家」という思想の誕生です。

ホッブズの『リヴァイアサン』の表紙には、町や村を見下ろすように、主権を委ねられた国家が王として君臨する姿が描かれています。リヴァイアサンとは、もともと聖書では、竜や蛇を司る海の怪獣を意味するものですが、ホッブズはリヴァイアサンを絶対的な権力を司る主権国家として描き出すのです。その王の身体には、無数の人間が描かれます。

この「主権国家」の右手には力を表す剣が、左手には宗教を象徴する司教杖が握られています。そして、この「主権国家」の王冠の上部には、「地上の権力には是と並ぶ者なし」というヨブ記四一章二五節の標語が刻印されています。

ホッブズはその晩年に、一六六〇年の王政復古まで続く清教徒革命によるイギリスの内戦がもたらした混乱を克明に描いた『ビヒモス』を著します。ビヒモスは、聖書において陸の怪獣を意味する言葉ですが、ホッブズはイギリスに革命をもたらしたさまざまな要因を象徴するものとして、このメタファーを選んだと考えられます。

絶対的な主権国家であるリヴァイアサンとそれを崩壊させんとするビヒモスの対峙のイメージを、前述のロバート・クーパーの三分類に当てはめれば、モダニティとプレモダニティの対峙と言い換えることもできるかもしれません。

主権は君主を超えて永続する

そもそも「国家主権」という考え方も、三十年戦争に先んじたフランスでのユグノー戦争と呼ばれた宗教戦争の中で生まれています。フランスではカトリック信者とユグノーと呼ばれたカルヴァン派のプロテスタントとの間で、一五九八年のナントの勅令でプロテスタントの信仰が許容されるまで、四〇年近くにわたって宗教戦争が続きました。

一五六二年からサン・バルテルミーの虐殺（一五七二年）で頂点に達する血みどろの内戦へと転化し、無秩序が拡がる中で、ジャン・ボダンが一五七六年に「国家主権」を理論化しました。ボダンは、主権を、国家の絶対的で永続的な権力であり、最高・唯一・不可分の権力として捉えました。それは対外的な独立性と対内的な無拘束性を持つという意味で絶対なのです。また、主権とは個々の君主を超えて永続する、まさに国家を国家たらしめる属性とされました。

これが、国家に主権が存するという国家主権の考え方の始まりです。その具体的内容として、立法権、宣戦講和権、高官任命権、最高裁判権、恩赦権、忠誠と服従の要求権、貨幣鋳造権、課税権が掲げられました。これは、フランスの絶対君主制を正当化することになります。但し、ボダンの国家主権の概念は、正統性の観念と切り離されておらず、宗派間の対立を完全に超克するには、不十分であったことも事実です。

ホッブズの思想の重要性は、社会が国家に主権をゆだねるためには、国家と社会との間に契約を設定するという「社会契約論」を展開したことにありました。

ウェストファリア体制成立以降、ローマ教皇の宗教的権威や神聖ローマ帝国による中世の帝国的秩序はその存在意義を失います。なぜなら、この主権国家は、他の主権国家を自らと平等とみなす一方で、自らの上位には教会や帝国であれ、いかなるものも認めないことが前提とされたからです。

平等な個人間の社会契約による国家形成という新しい視点をホッブズが提示したことは、宗教戦争を終焉させるためには必要不可欠なことだったのです。実際に三十年戦争の殺戮は、スウェーデンやプロイセンといったプロテスタント国家ばかりではなく、フランスなどのカトリック国家を含めて、結果として国家の台頭をもたらしました。その後、このホッブズの主権国家論は、ルソーやロックによる批判的発展を経て、近代の主権国家論に大きな貢献を行うことになります。

この結果、戦争そのものも、主権国家と主権国家の間で戦われる戦争に限定されることになったのです。これをルソーが『社会契約論』第一篇で、「戦争は、人間と人間との関係ではなく、国家と国家の関係である」("La guerre n'est donc point une relation d'homme à homme, mais une relation d'État à État")と記したことは、このような近代の戦争の限定的な性格を示しています。

この点についてカール・シュミットは、次のように述べています。

かくして実際に——少なくともヨーロッパの土地における陸戦については——戦争の保護限定と制限に成功した。十六、七世紀の信仰上のインターナショナルな内戦から、「形式を備えた戦争」への、すなわちヨーロッパ国家法の国家〔が主役の〕戦争への変遷は、奇跡をもたらした。宗教上の党派〔が主役の〕戦争のサンバルテルミの夜の虐殺の結果、そこから、ヨーロッパの国家(シュタート)が、またそれと共に、ヨーロッパの陸戦を純粋な国家〔が主役の〕戦争へと保護限定することが、人間理性の精巧な作品として、生じたのであった。[7]

主権国家の対峙と勢力均衡

もっとも、ホッブズの想定する主権国家体制は、国家の上位にあって、国家間の争いの調停を行えるような存在を否定しているわけですから、近現代における国家間の紛争が激化するおそれをその概念の中核に秘めていました。

ホッブズの主権国家は、すべての合理性をその中に取り込んだといっても過言ではない存在です。安定と秩序は国家の内部にのみあり、国家の外部には荒涼たる自然状態が拡がっているのです。こうなると、主権国家と主権国家の関係を差配する原理や規範はそもそも何もありません。リヴァイアサン(主権国家)とリヴァイアサン(主権国家)の容赦のない対峙が、ここから生じることになります。

この本質的な問題は、とりわけ一九世紀以降の主権国家間の国家総力戦を考える上で、一層重要になります。

もう一度、カール・シュミットの言葉を借りましょう。シュミットは、このような主権国家間の対峙を次のように形容しています。


ここに巨獣と巨大な機械の混淆物たるレヴィアタン像は最高度の神話的迫力をもつに至る。大国間関係は不可避的に原始への退化を伴い、相角逐する諸国は恒常的に相互的脅威の場にあって、敵味方を正当に区別しえない者は亡びる。[8]

主権国家の誕生に伴って、これほどまでに容赦のない国際的な秩序が、ウェストファリア体制が成立した一六四八年を境に成立したのです。それでは、その後、近代のヨーロッパの国際秩序は、自らの安定を守るために、いかなる変遷を遂げたのでしょうか。

ウェストファリア体制が三十年戦争後に成立したように、その後もヨーロッパ諸国全体を巻き込む戦争が起きる度に、国際秩序の再編成が行われました。すなわち、スペイン王位継承戦争後のユトレヒト体制と、ナポレオン戦争後のウィーン体制が、それぞれ一八世紀と一九世紀のヨーロッパの国際秩序を規定することになりました。

ユトレヒト体制においては、英仏間の交渉を通じて、初めてヨーロッパにおける勢力均衡の考え方が明確な形をとって現れ、国際的な正当性原則として承認されました。また、ユトレヒト条約の結果、英国は、その後の大英帝国への道を歩むこととなります。

ウィーン体制とは、ナポレオン失脚後、フランス革命がもたらした自由主義運動や国民主義運動を抑え込むことをそもそもの目的として成立したものです。ウィーン体制は、従来の君主制諸国家による勢力均衡を基礎とした、いわゆる「コンサート・オブ・ヨーロッパ」と呼ばれるヨーロッパ主要五ヵ国間の協調態勢を通じて、比較的長期にわたる平和をヨーロッパにもたらしました。ウェストファリアの秩序は一九世紀になってようやく、ヨーロッパ主要国間の勢力均衡と植民地の分割という二つの車輪に支えられながら、ヨーロッパ諸国間の戦争を可能な限り抑え込むという古典的な成熟をみせたのです。

しかし、このウェストファリア体制という近代の国際秩序は、一九世紀に至っても必ずしも恒久的な平和をもたらしたわけでも、その後の戦争を防いだわけでもありませんでした。

むしろ、ウェストファリア体制は、主権国家の間の競争や対立の萌芽となり、一九世紀に民族主義の台頭と主権国家体制が緊密に結びつき、偏狭な民族主義による国民国家間のより血なまぐさい戦争へとつながっていくのです。

一八世紀から一九世紀にみられたように、ヨーロッパの平和は主権国家間の勢力均衡を中心に、つねに変化する各国間の同盟、協商、秘密協定を通じて守られる必要がありました。しかし、勢力均衡のみを旨とする一九世紀のヨーロッパにおける古典的な国際秩序は、二〇世紀を迎えると深刻な危機に直面するようになります。共通の価値と国際的な組織や制度を通じて平和を担保するという新しいアプローチは、二〇世紀の二度の世界大戦の惨禍を経なければならなかったのです。

第二章　東アジアにおける国際秩序と日本の果たした役割

華夷秩序の侵食

もともとウェストファリア体制そのものは、一七世紀のヨーロッパというローカルな地域の秩序を形成したにすぎません。

一七世紀のヨーロッパは、まだまだ中東やアジアにまでその影響力を直接及ぼせるほどのパワーではなかったからです。ヨーロッパを超えた世界においては、当然ながらそれとはまったく異なる伝統的秩序が存在していました。主権国家の平等からなるヨーロッパの近代秩序は世界の中でも特異なものだったと言えるでしょう。むしろ、アジアにおいても中東においても、帝国的な国家が中心になってそれぞれの地域の秩序を形成してきたからです。

しかし、この主権国家間の国際関係を基礎とするウェストファリア体制は、ヨーロッパのパワー・プロジェクション能力の拡大とともに世界に拡がっていきます。ヨーロッパが他の地域に対して相対的な力をつけて、はじめてウェストファリアの秩序は世界に拡大しはじめました。具体的には一九世紀の産業革命以降、近代的な軍事力を背景に、中東・北アフリカ地域には「瀕死の病人」オスマン帝国の解体を通じて、また、アジア地域には中国の華夷秩序の侵食を通じて、植民地主義の外套をまとって拡がっていきます。

東アジア地域では、それまでの中国を中心とする冊封（さくほう）・朝貢システムからなる、いわゆる華夷秩序が、英国を中心とするヨーロッパ列強の中国への進出により、ほぼ一世紀をかけて近代的な国際秩序へと変容します。東アジアの一九世紀は、西欧の近代的な国際システムが、東アジアの伝統的秩序を侵食していった時代と言えます。[9]

華夷秩序は、中国の文明こそが文明の名に値する唯一の文明であるとの観念そのものにありました。その他の民族はその中国文明にどの程度近いかによって等級づけられました。中国人は自らが「天下」の中心にある帝国に住んでいると信じていたのです。「天下」は文化的に規定された共同体であり、その思想的背景には、中国の絶対的な優位性への盲信がありました。

一八三九年三月に時のイギリス商務総監チャールズ・エリオット（後に初代香港総督）が欽差大臣の林則徐に送った手紙が、林則徐によって突き返された事件は、当時の中国人の中華意識がいかなるものであったかを示しています。エリオットはその手紙の中で、イギリスと中国について両国と記したのに対して、林則徐は「この世のいかなる場所も我が天朝と対等に言及されることは許されない」と激怒したのです。

このような中国人の認識は、主権国家の平等を中核とするウェストファリア・システムとは根底から異なったものでした。このような中国人の秩序感覚ゆえに、ヨーロッパで言われる「ウェスタン・インパクト」（西洋の衝撃）は、中国にとっては、長い間にわたって華夷秩序認識への真の衝撃とはなりえませんでした。同時に、こうした考え方は結果として、中国の近代的な国際秩序への参画を著しく困難なものとしたのです。

もっとも、清朝末期の冊封・朝貢システムからなる華夷秩序は、現代から見れば東アジアの国際秩序を規定する唯一無二のシステムと言うわけでもありませんでした。それは、あくまでも清朝とその周辺国家との関係がそれほど濃密ではない、限定的な交流しか持ち得ない時代における、清朝側から見た秩序認識でした。また周辺国家から見れば、そのような中国中心的な秩序を儀礼として認知することにより、清朝との朝貢貿易で得られる利益を優先したとも考えられます。

その証拠には、清朝の周辺国では、まま自らを皇帝と名乗り、いわゆる小中華としてその存在を主張することが行われていたからです。たとえば、一九世紀初頭に現在のベトナムを統一した阮朝は典型的な例です。一八〇三年、阮朝の創始者、阮福暎は、清朝に対して冊封を求めるとともに、その国号として「南越」の承認を求めています。これに対して、清朝は「南越」という国号は認めなかったものの、「越南」という国号を与え、阮福暎を越南国王として冊封し、「越南國王之印」を授けました。現在のベトナムを漢字で書けば、まさに「越南」となり、現在まで続く国名となっています。

阮朝は、清朝の冊封体制を容認していたとはいえ、国内においては自ら皇帝と称しました。そして、独自の年号、国是である「承天興運」を有し、これらの国号、国是、年号をつねに公文書の冒頭に記載するなど、独立の国家としての気概を見せています。

特筆すべきなのは、日本は近世から一九世紀に至るまで、このような中国を中心とする華夷秩序の外にあったことです。日本は、古代や中世の室町時代の一時期において中国に対して臣下の礼をとったことがありましたが、それはごく限定的なものにとどまりました。

いずれにせよ、そのような複雑さを有した東アジアの伝統的国際秩序は、一九世紀末までには、欧米諸国との不平等条約体制と中国による限定的な冊封体制が、圧倒的に前者に有利な形で併存する状況に達します。

清朝皇帝が大英帝国に求めた儀礼

清朝への英国主導による国際秩序の導入は、もちろん平和裏には行われませんでした。また、アダム・スミスの唱える自由貿易システムの中国への導入がその変化の契機となったことは、歴史の皮肉とすら言えるでしょう。英国では、自由貿易主義者であったリチャード・コブデンや、グラッドストーン首相などが、総じて反植民地政策をとった政治家として有名ですが、こと非ヨーロッパにおける英国のやり方は、自由貿易の拡大の結果として、帝国主義的なふるまいを見せつけるのですから。

英国は、貴族の間に拡がりつつあった紅茶の需要を満たすため、一八世紀末から清朝との貿易の拡大を求めました。このため英国は一七九三年にジョージ・マカートニーを、一八一六年にウィリアム・アマーストを派遣し、清朝への要求を強めていきます。一九世紀初頭、英国はシンガポール植民地の樹立、マラッカ、ペナンなどの海峡植民地形成を経て、アジアへの橋頭堡を構築していきます。この結果、英国は次第に沿岸線を沿って北上し、清朝との交易を重視するようになります。

英国商人たちは、中国の沿岸部を北上し、最初は茶や陶磁器を銀によって購入していました。しかし、この貿易は当初、英国側の大幅入超であり、大量の銀の流出を招きました。このため、イギリスの東インド会社は、当時東南アジアにおいて流行の兆しを見せはじめていたアヘンに目をつけます。東インド会社は地方商人を活用して、アヘンを広東へ大量に輸出し、銀の回収を図ったのです。この結果、大量のアヘンが中国に広がり、後のアヘン戦争につながっていきます。

一七五七年には、清朝は欧米との商業取引を「互市（ごし）」における交易とみなし、アヘン戦争で南京条約が結ばれるまで欧米諸国との交易は広州のみに限定しました。欧米との交易を、清朝は伝統的な華夷秩序の下で行われていた商業ベースの取引とみなし続けたのです。このため、中国の伝統的な冊封・朝貢システムが直接的に脅かされることはなかったわけです。

しかし、一七九三年にジョージ・マカートニーによる英国使節が中国に派遣されたことは、清朝との間で問題を引き起こします。当時、英国は中国との貿易拡大を求めて、貿易拠点の獲得、貿易条件の改善、常駐使節の交換を求めました。ところが、マカートニーは乾隆帝に謁見したものの、英国の目論見は失敗に終わります。乾隆帝はジョージ三世に下した勅諭の中で、英国の要求が「わが天朝の基本制度に合わない」として、要求を認めませんでした。[10]

この背景には、英国が平等な国として中国との貿易拡大を求めたのに対し、清朝はあくまでも朝貢使節とみなしたというそもそもの認識の相違があります。この認識の相違は、英国使節の皇帝謁見の際の儀礼上の問題を提起しました。マカートニーが、中国の儀礼に則って三跪九叩頭（さんききゅうこうとう）

の礼を要求されたからです。

三跪九叩頭の礼とは、皇帝の前で三回ひざまずき、その度に頭を地につけ、合計九回にわたってぬかずく所作です。マカートニーは英国王の威信を守るため、このような儀礼を一蹴しました。マカートニーはこれに代えて片膝をついてひざまずき、乾隆帝の手に接吻するという所作を行ったのです。清朝の皇帝謁見儀礼が華夷秩序を当然の前提としている以上、対等な国家関係を求める英国使節との間で問題が生じるのは、無理もないことでした。

英国は、一七五七年にプラッシーの戦いにおいてインドの支配権を確立し、七年戦争での勝利を通じて南北アメリカ、アフリカ西海岸、東南アジアの全域の覇権を手中にしていました。そのような大英帝国が派遣したマカートニーに対して三跪九叩頭の礼を要求することが、いかに荒唐無稽なことかということに、華夷秩序を基本とする清朝が気付くことはなかったのです。

このような国際秩序に対する彼我の認識の相違こそが、今から見れば両国間の交渉をいささか喜劇的なものとしたわけです。

一八一六年にはアマーストも同様に三跪九叩頭の礼を断ったことから、嘉慶帝への謁見も許されませんでした。こうした中国の礼に関する外国使節との摩擦は、日本の特命全権大使の副島種臣が一八七一年に日清修好条規を締結した際に、「万国公法」を根拠に同治帝に謁見を求め、三跪九叩頭の礼をせず、はじめて謁見を成功させるまで続きました。

英国東インド会社は、個別に英国商人にアヘンを販売し、それを英国商人が中国人に再販するようになります。こうなると中国でアヘンの需要が高まり、銀が英国に逆流しはじめました。

これが一八四〇年に勃発するアヘン戦争の大きな背景となります。アヘン戦争の結果、二年後には南京条約が締結され、広州、寧波、福州、厦門、上海の五つの港が英国に開港され、香港も英国に割譲されます。それでも清朝からみれば、このような英国との交易の拡大によって、それまでの伝統的秩序に深刻な変更が加えられたとの認識はほとんどなかったようです。

その後発生した太平天国の乱によって、さらに清朝が弱体化すると、英国はエルギン卿を北京に派遣し、外交官の北京駐在を求めます。しかし、清朝はこれを拒否し、一八五六年に第二次アヘン戦争が発生しました。英国は北京を攻撃し、このため清朝皇帝は一時宮廷から避難せざるをえなくなりました。

この結果、北京条約や天津条約が結ばれましたが、天津条約第三款において、「英国が自主の邦であって中国と平等である」ことが初めて明記されたことは画期的な出来事でした。逆に言えば、そのように明記しない限り、中華文明の優越性を核心に有する中国の伝統的秩序感覚からすれば、英国を清朝と対等な国家と認識することができなかったことを意味しています。

外国に学ぶことによって外国を制する

結局、中国は自らが望まない形で近代の国際システムを受容せざるをえなくなったのです。今でも中華人民共和国憲法前文は、その冒頭で、「一八四〇年以後、封建的な中国は次第に半植民地、半封建的国家となった」と一九世紀の中国の歴史を屈辱の歴史として総括していることは象徴的です。

それでも、アヘン戦争後の諸条約の締結は、必ずしも直接的に清朝の冊封・朝貢システムそのものに直接変更を加えるわけではありませんでした。結局、清朝の威信の低下の結果として、清朝は西欧諸国を自国と対等の存在として認めざるを得なくなっていきます。

それまで清朝は諸外国を中華思想の価値観から夷狄とみなしてきましたが、この頃から、清朝の公文書に西欧諸国を指して夷狄と表記することを禁じました。同時に総理各国事務衙門、いわゆる総理衙門として知られる近代的国際関係を担う外交機関が一八六一年にようやく設けられるようになります。この背景には、第二次アヘン戦争で英仏連合軍に敗北した清朝が、宮廷クーデターによって実権を握った恭親王奕訢と西太后の下で、同治中興と言われる近代化と、西欧の技術を取り入れる洋務運動を推進したことがあります。

さらに、一八六四年一一月には総理衙門がヘンリー・ホイートンの『国際法原理』を、『万国公法』として、一八五〇年以降中国で宣教活動にあたっていた長老派の宣教師ウィリアム・マーティン（中国名、丁韙良）等に翻訳させ刊行しています。そもそもウィリアム・マーティンに『国際法原理』の翻訳を勧め、また総理衙門にそれを紹介したのも、当時北京に駐在していた二人の米国公使でした。彼らは国際法を中国に紹介することで、中国と欧米諸国との関係をより円滑にすることを意図したのです。[11]

もっとも、これは清朝が万国公法を受け入れたことを意味するわけではありません。清朝が『万国公法』を翻訳させたのは、ヨーロッパ諸国の外交の道理を理解すること以上に、中国に駐在する外国の領事を説伏する方法として、清朝にとって役に立つという認識によるものでした。

「夷の長技を師として以って夷を制する」(『海国図志』を著した魏源の言葉)という言葉と同様に、諸外国に対抗するためには、その最新技術であれ万国公法であれ、それらを学ぶことにより外国を制するということが意図されたのです。

中体西用論と明治維新の斬新さ

一方、一九世紀半ばをすぎると、中国とそのほかのアジアの国々との伝統的な華夷秩序に基づくシステムも崩れはじめます。たとえばシャム王朝は、一八五〇年代には欧米諸国と修好通商条約を締結すると、清朝の威信低下をふまえて、清朝への朝貢使節派遣を停止しています。また、清朝と日本の明治政府との間でも一八七一年に日清修好条規という平等な条約が締結されました。

さらには、一八七六年の日本と朝鮮の不平等条約である日朝修好条規の締結以降、清朝は朝鮮との冊封関係を維持しつつ、中朝商民水陸貿易章程を締結していきます。この章程においては、清朝は自らの伝統的な秩序感覚の下で朝鮮を属国と位置付けながらも、同時に近代の国際秩序に適合させる形で、朝鮮が自主の国であると認めたのです。

これらの動きは、ウェストファリア体制によるアジアの伝統秩序の再編成を清朝も否応なしに受け入れざるをえなかった現実を示しています。

清朝が、伝統的な華夷秩序の考え方を一九世紀末まで容易には捨て去ることができなかった一方で、日本は米国との間で日米和親条約を一八五四年に締結し、開国に向かって以降、東アジアの中でも最先端をきって、万国公法を含め西欧の近代システムを急速に吸収していきます。

幕府の下にあった開成所において西周が訓点をつけた『万国公法』を翻刻するのは、清朝の総理衙門で正式発刊された時から一年もたっていない慶応元年（一八六五年）のことです。また、幕府のみならず、複数の諸藩でも万国公法の翻刻本が出版され、幕末の思想に大きな影響をもたらしました。

そもそも西周自身、津田真道とともに、それに先立つ文久二年（一八六二年）に幕府による初の欧州留学生としてオランダに派遣され、ライデン大学教授のフィッセリングから二年間にわたって自然法や国際法、国法、経済学、統計学からなる五科講義を受けていました。西周は、自らの講義ノートを基にその成果をまとめて慶応四年（一八六八年）には『畢洒林（フィッセリング）氏万国公法』を刊行しています。[12] 明治維新後、明治政府は文明開化の旗印の下で、富国強兵と不平等条約改正を通じて、近代的な国際秩序を急速に受け入れていきます。

清朝下の洋務運動が中国の文明的優越性を前提としつつ、西洋の機械や技術の導入に限定して自強を目指す「中体西用論」に依拠していたのに較べ、明治維新における日本の文明開化は、よほど西洋の制度や文化すべての導入を目指したものでした。例えば、西周は、万国公法などの実用的な知識にとどまらず、西洋の哲学を体得し、その著書『百一新論』や『百学連環』を通じて、儒教を乗り越え、百科全書的な本物の知の体系へと向かっていくのです。

琉球は日本と中国どちらに属すか

東アジアの秩序の変容は、国境画定問題に顕著に現れました。たとえば、明治日本政府による琉球や台湾をめぐる国境の画定の動きはその代表的な例です。

それまでのアジアの伝統的な秩序においては、近代国家による国境画定は厳密には求められませんでした。すなわち、アジアの国々は、重層的な関係を近隣諸国と構築していたのであって、それが長らく許容されてきました。しかし、ヨーロッパの近代的な国家主権システムにおいては、明確な領土を画定しなければ、排他的な主権そのものが確立しえません。ヨーロッパ諸国との交易と進出が本格化する一九世紀半ばには領土画定問題が、アジア諸国にとって喫緊の課題となるのは自然の成り行きだったのです。

明治政府が行った琉球処分は、日本が近代的な主権国家システムを自らのものとする上で避けて通れないものでした。一八七二年に明治政府は琉球国王を藩王に任命し、琉球藩を設置します。それは、近代に至るまで、薩摩藩の実質的な支配下において中国への朝貢を同時に続ける琉球王朝から見れば、その独立を奪われることにつながります。

台湾出兵では、一八七一年に宮古島の船が遭難し台湾に流れ着き、現地人に琉球民が殺害されたことを契機として、一八七四年に明治政府が出兵を図ろうとしました。当然、事件直後に明治政府は、台湾に官吏を派遣していた清朝に対して抗議をしたのですが、驚くべきことに清朝政府は台湾が「化外の地」であるとして、関知しないという態度をとったのです。

近代主権国家における領土意識がない清朝にとっては自然な対応であったかもしれませんが、明治日本政府はこれを奇貨として、近代国際法上認められる無主の地に対する先占の論理に基づいて、台湾出兵を正当化していきました。この意味で、台湾出兵は、「琉球人＝日本人」という主張を清朝政府にも認めさせることによって、琉球の日本と中国との両属関係を解消する試みでもあったのです。

もっともその後、清朝でも海防論が台頭し、一八八五年には清朝は台湾省を設置します。また、清朝は琉球を日本の版図に組み込むという明治日本政府に対して痛烈な抗議を行っています。しかし、明治日本政府が一八七九年に琉球藩を廃止し、廃藩置県によって沖縄県を設置すると、琉球王国の日本の版図への取り込みが完了するのです。

中国と朝鮮の間でも、強固な宗属関係にあった清朝と朝鮮の間で国境線画定の動きが拡がっていきます。一八八五年と八七年に行われた国境線画定の会談である「勘界会談」では、豆満江（図們江）・鴨緑江をもって暫定的な国境線とされました。

しかし実際には、この国境を越えた清朝領域に越境した朝鮮人が多数に上ったことから、二〇世紀の初頭まで、「間島」と呼ばれた豆満江北側の土地の領有とそこに居住する清人・朝鮮人の管理管轄をめぐって、朝鮮と清朝に加えロシアや日本も入って紛糾したのです。彼らの保護問題とも絡んで、大韓帝国となっても清朝との国境線画定の話し合いは断続的に行われましたが、豆満江・鴨緑江を国境線とすることが次第に既成事実化していきました。

中朝間の境界線が画定されないまま、日本が大陸侵略を推し進めると、一九〇九年に中国東北部の利権と引き替えに日本が豆満江北側一帯の土地について清の領有を認める日清協約を結ぶことでようやく豆満江国境が画定します。

一方、中国側においても、一八八〇年代になって、これまでの伝統的な中華秩序の中で、北京から大臣を派遣し一応の管理を行ってきた「藩部」であるモンゴル、チベット、新疆に対して、主権国家としての支配を徐々に強化していきます。これは、朝鮮や琉球といった「辺疆（へんきょう）の喪失」を見た清朝の洋務官僚らの焦燥感の表れでした。

朝鮮は中国の属国なのか

アジアにおける秩序の変容を示す、もう一つの重要な問題は、中国の周辺国の宗属関係をめぐる対立でした。とりわけ、朝鮮およびベトナムと中国の宗属関係を巡って、清朝と日本、フランスの間でそれぞれ起きた対立は、いずれも戦争によってその決着がつくまで、外交的に解決することができなかった事例です。

明治期における日清間の最大の政治問題は、「朝鮮は清国の属国か、独立国か」という中国の朝鮮に対する宗主権問題として姿を現します。この問題は、後に日清戦争の直接的原因となります。明治八年（一八七五年）の江華島砲台の日本軍艦砲撃事件、明治九年（一八七六年）の日朝修好条規締結を経て、中国の朝鮮に対する宗主権問題は、日清戦争に至るまでその深刻さを増していきました。

一方、フランスは、一八五八年以降ナポレオン三世の下でベトナムに出兵して以降、ベトナムのコーチシナ（ベトナム南部）に進出し、阮朝との二度にわたる戦争を通じて植民地化を進めていきます。フランスは阮朝に対する中国の宗属関係を否定すべく、一八七四年の阮朝とのサイゴン条約において、ベトナムが完全に独立した国家であることを規定しました。これに対して、当然のごとく清朝は強く反発しました。この清仏間の対立は、清仏戦争後の一八八五年の天津条約において、ベトナムとフランスの条約を中国が尊重し、フランスが中国の「威望体面(いぼうたいめん)」(尊厳)を傷つけないとする合意が成立するまで続きました。

ここでは、朝鮮の地位をめぐる日清間の政治対立がいかなるものだったのか、なぜ、この問題が日清戦争へと帰結するのか、振り返ってみたいと思います。

明治日本政府は、隣国の朝鮮への影響力を強めていく中で、清朝と朝鮮の伝統的な宗属関係を、近代の国際秩序の側に立ちつつ、問い直していきます。日本政府は、江華島事件の後、特命全権公使として森有礼を北京に派遣して、難航する日朝交渉打開のために、清朝の協力を求めようとしました。

一八七六年一月二四日及び二五日に行われた森有礼と直隷総督である李鴻章との会談は、日中間の認識の違いを露呈します。その認識の違いは、日中それぞれの会談の記録がいささか異なる内容となっていることにも示唆的に表れています。最初に中国側の記録から抜粋しましょう。[13]

森「朝鮮はインドと同じく、アジアにある国で、中国の属国とはみなせません」
李「朝鮮は〔清朝の〕正朔〔暦〕を奉じているのに、どうして属国ではないのですか」
森「各国はみな、朝鮮は朝貢をして冊封を受けているだけで、中国が税金を徴収しているわけでも、その政治を管轄しているわけでもないので、属国とは思えないといっております」

李「朝鮮が数千年来中国に属していること、だれも知らない者はおりますまい。和約にいう『所属の封土』の文言のうち、『土』という字は中国の各省を指します。これは内地、内属であり、税金を徴収し、政治を管轄します。『邦』という字は朝鮮などの国を指します。こちらは外藩、外属であり、徴税や政治はその国に任せてきました。歴代このようでありまして、別に清朝から始まったことではありません。それなのにどうして、属国とはいえないといわれるのでしょう」

森有礼が李鴻章に対して「属国」の意味をくどいほどに問い質すのに対して、李鴻章は、朝鮮が中国の属国であるという意味を中国の歴史に基づいて明らかにします。一方、日本側の記録を見ると、日本側の言い分がより鮮明になります。次に引用してみましょう。

森「条約中ニ、朝鮮ハ貴邦ノ属国タル旨ヲ明示セル条款アルヲ見ズ。之ニ反シテ、我政府ハ終始、朝鮮ヲ独立不羈(どくりつふき)ノ国ト看做シ、現ニ独立国ヲ以テ彼ヲ待セリ。蓋シ自余ノ列国ハ云フ迄モナク、尚貴政府ト雖(いえ)ドモ、亦彼ヲ待スルノ道、爰(ここ)ニ出ザルベシ。貴政府曾テ明言シテ云フ、朝鮮ニハ自家ノ政府アリテ、随意ニ内外ノ事務ヲ整理ス。清国ハ毫モ之ニ干与スル事ナシ、ト」

李「実ニ貴説ノ如ク、朝鮮ハ独立ノ国ナリ。然リト雖ドモ、其国王ハ現皇帝ノ命ニ依テ立ツ。是ヲ以テ清国ノ属隷トス」

森「**然ルガ如キハ、単ニ貴邦ト朝鮮トノ交誼ニ関スル礼式ノミ。此類敬礼上ノ事、豈ニ朝鮮独立ノ論ニ関センヤ**」

李「朝鮮ハ実ニ清ノ属国ナリ。是旧来世人ノ能ク知ル所ナリ」

ここで森有礼は、朝鮮が中国の属国であるという李鴻章の説明を、単に清朝と朝鮮の交友の礼に関するものにすぎないのであって、朝鮮が独立不羈の国であることにいささかも変わりはないとみなすのです。すなわち、「朝鮮が中国の属国である」という観念をめぐる解釈論争が、アジアにおいて華夷秩序からウェストファリア体制への変質を左右することとなったのです。

実際、明治日本の政策はきわめて戦略的なものでした。井上毅の『朝鮮政略意見案』においては、朝鮮は清への貢国（朝貢国）といえども、属国ではないとし、清のみならず、日本、米国、英国、ドイツの五ヵ国が共同で朝鮮を保護することを主張し、これが清朝単独による朝鮮への内政干渉への牽制となると考えました。

清朝は、これに対して、中朝商民水陸貿易章程を締結し、朝鮮が清の属国であることを引き続き主張していきます。このような清の朝鮮に対する宗主権へのこだわりと、日本による朝鮮の独立という近代の国際法に照らした主張が、結局、日清戦争につながっていきます。

朝鮮の宗属関係をめぐる山縣有朋と陸奥宗光の戦略

一八九〇年一二月、内閣総理大臣山縣有朋は、日本で初めてとなる議会での施政方針演説を行いました。山縣は、明治国家としての外交戦略を、「主権線」と「利益線」という概念をもって提示したのです。

　蓋国家独立自営ノ道ニ二途アリ、第一ニ主権線ヲ守護スルコト、第二ニハ利益線ヲ保護スルコトデアル

　山縣はこのように述べ、朝鮮半島こそ日本にとっての利益線であるとして、これを死守することが日本の独立を守ることになると考えたのでした。
　当時、山縣有朋は、数年のうちにロシアがシベリア鉄道を完成させれば、極東への兵員・物資の大量輸送が可能となるため、朝鮮の独立に危機が生じると考えていました。それは、日本にとって大いなる脅威となると同時に、清にとっても、また、ロシアと対立関係にある英国にとっても同様であるとみなしたのです。
　その二年前に閣僚に回覧された『軍事意見書』においても、山縣有朋は、朝鮮の独立が日本の安全保障にとってきわめて重要であるとして、次のとおり指摘していました。

　我国ノ政略ハ朝鮮ヲシテ全ク支那ノ関係ヲ離レ、自主独立ノ一邦国トナシ、以テ欧州ノ一強国、事ニ乗シテ之ヲ略有スルノ憂ナカラシムルニ在リ

すなわち、朝鮮と支那（清）との曖昧な宗属関係を断絶し、列国が朝鮮を植民地とすることを防ぐためにも、朝鮮を自主独立の国家とする必要があると山縣は説いたのです。これは、当時の日本の指導者が、ロシアの南下によってもたらされる、東アジアの危機を強く認識していたことの表れでした。

こうした帝国主義の危機の中で、朝鮮を属国とみなす清朝の伝統的な華夷秩序感覚と、朝鮮を独立国とみなす日本による近代の国際秩序に基づく主張が、日清戦争という形で衝突することになります。この様相を、『蹇蹇録』において陸奥宗光は次のように簡潔に記しています。

> 日本は当初より朝鮮を以て一個の独立国と認め、従来清韓両国の間に存在せし曖昧なる宗属の関係を断絶せしめんとし、これに反して清国は疇昔の関係を根拠として朝鮮が自己の属邦たることを大方に表白せんとし、実際において清韓の関係は普通公法上に確定せる宗国と属邦との関係に必要なる原素を欠くにもかかわらず、せめて名義上なりとも朝鮮を以てその属邦と認められんことを勉めたり。

このような立場を明治日本政府がとる以上、陸奥宗光が言うには、日清間の緊張関係は、「平和いまだ破れず干戈いまだ交わらざるも……早くも甲争乙抗の状態を表したる此の如し。別種の電気を含める両雲は已に正に相触る」状況になっていきます。

陸奥の外交は、まさに清韓宗属関係の存在を前提としつつ、朝鮮における清朝の国際的地位をつきつめていくことになったのです。それは、日本が朝鮮において内政改革案を提起するとともに、政治上及び通商上の事項に関して、清国と同様の権利特権を享有することを明らかにするものでした。清朝から見れば、これは朝鮮における清朝の宗主権を否定するものであり、日清間の交渉は決裂し、豊島沖海戦の勃発へつながっていくのです。[14]

中華帝国の終わりは恥辱の一世紀の始まり

日清戦争の結果、日本が清朝に勝利し、下関で行われた講和会議の結果、朝鮮の完全な独立が認められます。

下関条約第一条では、「清国は朝鮮国の完全無欠なる独立自主の国たることを確認す」と明らかにされています。さらに、同条では「因て右独立自主を損害すべき朝鮮国より清国に対する貢献典礼等は将来全く之を廃止すべし」と重ねて強調し、華夷秩序に基づく朝貢・儀礼をすべて否定しました。これによって、朝鮮の清朝への属国、すなわち華夷秩序が完全に否定されたのです。そして、一八九七年の大韓帝国の成立によって、日本による清韓宗属関係の解体は決着をみます。

山縣有朋などの当時の日本の政治指導者から見れば、ロシアの南下を筆頭とするこの地域への進出への深刻な危機感、すなわち、国際政治のリアリズムへの感受性こそが、清朝末期の伝統的秩序を崩壊へと追いやっていったわけです。

また、日清戦争を経て日中間で結ばれた下関条約自体が日本優位の不平等条約となると同時に、下関条約で獲得した台湾および澎湖諸島は、日本にとっての最初の植民地となり、日本ははじめてアジアにおける植民地を有する「帝国」となっていきます。

こうした意味において、日清戦争は、中国の文明史を画するばかりか、アジアにおける国際秩序そのものの変容を象徴する重要な分水嶺となったのです。

日清戦争後、日本は朝鮮半島併合、満州国の建設、中国大陸への戦線の拡大、ついには米国との太平洋戦争へと突き進みます。結局、山縣有朋が提示した「主権線」と「利益線」の概念が、日本の帝国主義的膨張の嚆矢となったという見方は、結果的には否定できません。第二次世界大戦中に発表された日本の大東亜共栄圏構想に至っては、日本の敗戦とともに、その唯我独尊的な地域秩序構想の目論見は潰(つい)えることになります。

一方、中国においては、日清戦争を経て初めて、国民国家への転換が意識されるようになりました。中国史の専門家のジョゼフ・レヴェンソンは、近代中国の精神史は主として「天下」の中華帝国を「国家」に転換していく歩みであったことを指摘しましたが[15]、日清戦争はまさに中華帝国という伝統的な秩序認識に終止符を打ったわけです。当時の清朝下随一のインテリであった梁啓超は、日清戦争が「四千年の長き夢から我が国を目覚めさせた」と記し、日本による軍事的敗北が、祖国の運命について真剣に考えることを中国人に迫ったと想起しています。

二度にわたるアヘン戦争での敗北の結果、英国により開国を強制され、最後に残っていた朝鮮との間の宗属関係まで日本によって否定された中国にとって、「近代」という言葉がネガティブな陰影を現代にいたるまで引きずっているのに対し、日本にとっての近代や近代化が、現代に至るまでどことなく明るいポジティブな意味合いを有しているのは、このためなのです。

アヘン戦争から第二次世界大戦の終焉まで続く中国にとっての「恥辱の一世紀」という歴史認識と、中華帝国から国民国家へという秩序感覚の変化が、中国人の認識において分かち難く結びついていることは、今日における中国の対外的なふるまいを考える上で重要な点です。今日、中国の対外政策の中で、「歴史」が日中関係や南シナ海における領有権主張において一つの鍵となる概念となっていることの背景には、大国としての華夷秩序への憧憬と恥辱の一世紀という二つの異なる主題が通奏低音として重層的に響いています。

清朝下では、日清戦争の敗北の中で新たな政治改革も行われました。一八九八年に光緒帝が康有為を登用し、康有為や梁啓超、厳復、章炳麟らによって担われた変法自強運動（戊戌の変法）です。清朝の暦から戊戌の政変とも呼ばれています。これは明治日本を模範として改革を行おうとした動きです。すでに一八六一年以来、清朝では近代化を志向する洋務運動が行われていましたが、日清戦争の敗北によって、清朝の近代化の関心がようやく日本に本格的に向けられたのです。多くの中国人留学生が当時日本に派遣されたのもこの頃です。

光緒帝は「西欧各国が五〇〇年で成したことを日本は二〇年余りで成し終えた。我が国土は日本の一〇倍以上あり、明治維新に倣えば三年にして大略成り、五年にして条理を備え、八年にして効果を上げ、一〇年にして覇業を定める」と宣言しました。具体的には、科挙に代えて近代的学制、新式陸軍、訳書局、制度局の創設、懋勤殿の開設（議会制度の導入）など、明治日本に範をとった改革案が上奏、布告されました。

しかし、こうした合理的改革路線への保守派の反発は強く、西太后を中心とするクーデターにより、光緒帝は幽閉され、改革はわずか三ヵ月で終わってしまいます。さらに、こうした合理的な改革路線とはまったく異なるより感情的な反発として、義和団事件がその後発生することになります。

もう一つ、アジアにおける国際システムの変容を考える上で重要な史実は、一九世紀を通じて日本とタイを除けば、大半の地域が英仏蘭によって、また、朝鮮半島は日本によって次第に植民地化されていったという事実です。シンガポールに加えて、マラッカ、ビルマは英国の勢力下に入り、現在のベトナム、ラオス、カンボジアはフランスによって仏領インドシナとなります。スペイン植民地であったフィリピンは米西戦争によって米国の保護下に入ります。また、現在のインドネシアは一七世紀以来、オランダの植民地でした。

一九世紀末から第二次世界大戦までの期間においては、東アジア地域では、主権国家として独立を維持しえた国は、日本やタイなど数えるほどでしかありません。一九世紀前半までは独立国であった地域は、ビルマやベトナムのように列強の植民地となるか、中国大陸のように香港やマカオなどの多くの領地が列強に長期にわたって租借されるか、台湾のように日本の植民地となるか、あるいは朝鮮半島のように日本に完全に併合されるかのいずれかの運命にあったのです。

アジアのウェストファリア体制

しかし、第二次世界大戦以降、東南アジアにおいて、いくつもの国々が国家主権の平等と政治的独立を御旗に独立を宣言すると、むしろ、近代の国際システムの根幹となる国家主権とその平等という考え方が、それまで以上に地域に強固に根付くことになります。

すなわち、第二次世界大戦後の植民地からの独立が、この地域のナショナリズムに勢いをつけ、戦後、主権国家を基礎とするウェストファリア体制の東アジアでの基礎を固めたといってよいでしょう。

一九五四年に中国の周恩来首相とインドのネルー首相との間で発表された平和五原則は、ウェストファリア条約そのものといってもよいほどです。具体的には、①領土、主権の相互尊重（後に主権および領土保全の相互尊重）、②相互不可侵、③相互の内政不干渉、④平等互恵、⑤平和共存の五つの原則からなっていました。この平和共存五原則は、インドではサンスクリット語で「パンチシール」（五つの徳）としてよく知られています。

中印首脳は、首脳会談後に共同声明を出し、両国間の関係を導く若干の原則（いわゆる平和五原則）を重ねて表明すると共に、両者とアジアおよび世界の他の国家との関係にもこれらの原則を適用すべきであると考えたのです。「これらの原則が各国間に適用されるのみならず、一般国際関係にも適用されるならば、それは平和と安全の強固な基礎となり、現在存在している恐怖と正義は信頼感によって取って代わられるだろう」として、平和五原則の普遍的な意義と役割を強調したのです。

さらに一九五五年四月にインドネシアで開催されたアジア・アフリカ会議、いわゆるバンドン会議では、アジア、アフリカの植民地からの独立を果たした多くの国々を含む二九ヵ国は、この平和五原則を発展させた平和十原則を採択するのです。そこでは、すべての国家の主権と領土保全の尊重や、大小すべての国家の平等、他国の内政への不干渉が高らかに宣言されています。

こうして、東アジアにおいても第二次世界大戦後、ウェストファリア体制が脱植民地化の過程の中で根付いたのです。現在に至るまで、主権国家の平等と内政不干渉という近代のウェストファリアの国際秩序の基本原則が重要な原則として生きていることは、疑いえない事実です。

このため、こうしたアジアの主権国家のモダニティへの執着によって、ASEANなどの地域共同体がEUのような進化した超国家的な共同体へと移行することが、阻まれているのです。

現在の中国は、むしろ近代ヨーロッパで生まれた基本原則を最大限に活用しつつ、「中華民族の偉大なる復興」というスローガンの下で、中華民族という「国民国家」の創出と、米国と互角に対抗する大国としての台頭という二つの夢を同時に実現しようとしています。

現在の中国が現代の国際秩序の中で平和的台頭を実現できるか否かは、自らの歴史において「恥辱の一世紀」としている恩讐を越えられるか否かという歴史的課題とも密接に関わっているのです。アジアの未来を考えるためには、この点にこそ、彼我を隔てる歴史認識の「ずれ」が深く横たわっていることを、私たちは改めて認めることからはじめねばならないでしょう。

第三章　オスマン帝国の消滅と中東への国際秩序の移植

アラブ「未完の国民国家」の源流

それでは現在の中東地域には、どのようにヨーロッパの近代秩序がもたらされたのでしょうか。

その前にアジアと中東を比べてみましょう。

現在の中東地域は、アジアに比べてヨーロッパとの距離の差がはるかに小さかったことを指摘する必要があります。そのためヨーロッパとイスラム地域は歴史・文化、宗教といったさまざまな分野で早くから相互に影響を与えてきました。キリスト教とイスラム教という違いを越えて、ヨーロッパとオスマン帝国は一六世紀以降、一つの国際政治システムを形成してきたのです。

この距離の近さは、この地域の秩序変革を、アジアの秩序変化以上に重々しく苦々しいものとすることになったと言えます。アジアにおいては、清朝が中華民国となり、中華人民共和国と変化しても、その一体性を保ったことに比べると、中東においてはオスマン帝国が、ヨーロッパ列強によって解体され、分割されることを通じて、イスラムに象徴される伝統的な価値や社会規範の再解釈を通じた近代化の道が阻まれたのです。

オスマン帝国の消滅の直接的な影響は、現代の中東の政治・社会問題にさまざまに深刻な陰翳を与えています。多くのアラブ諸国における「未完の国民国家」という深刻な課題は、この地域の歴史を遡ることでしか理解する方法はないのです。この点で、中東近現代史における秩序の再編とは、オスマン帝国の長い衰退とヨーロッパ列強による勢力均衡の捌け口としてのオスマン帝国の分割について語ることに他なりません。[16]

この物語は、ヨーロッパにおいて「東方問題」と呼ばれました。一九世紀を通じて「瀕死の病人」と呼ばれたオスマン帝国をヨーロッパ列強がその勢力均衡のために分割していくプロセスが、この東方問題です。そのプロセスの中で、オスマン帝国はウェストファリアの秩序によって解体、再編成されていきます。

現在、ヨーロッパ諸国が多数のイスラム系移民とその子孫の社会統合問題を抱えていることを、中東諸国から見て「西方問題」[17]とでも呼ぶならば、これは、まさにヨーロッパと中東との間で起きている歴史の逆襲なのです。

オスマン帝国がヨーロッパの勢力均衡の鍵を握る

そもそもオスマン帝国とヨーロッパの関係は、長期にわたってオスマン帝国のヨーロッパに対する優位によって特徴づけられるものでした。

一三世紀末の小アジアのアナトリア西北部における遊牧民の部族長オスマン一世に遡るオスマン君侯国は、一五〇年かけて小アジアからバルカン半島までを席巻していきます。一四五三年には、オスマン帝国は、東ローマ帝国の首都コンスタンチノープルを陥落させ、事実上の東ローマ帝国の後継者として現れると、爾後（じご）、ヨーロッパは次第に劣勢に置かれることになります。

オスマン帝国のスルタンにはいくつもの尊称があります。スルタンはイスラム世界の世俗の首領を意味し、カリフはイスラム世界の長を意味します。さらには、ペルシャ帝国を受け継ぐ意味合いの「シャー」という称号、「ハーン」というモンゴル帝国の末裔を示唆する称号もあります。オスマン帝政末期には、スルタン位とカリフ位を併せたペルシャ語起源の「パーディシャー」という称号が使われました。また、一部のスルタンは「ルーム・カイセリ」というローマ皇帝を意味する称号も使用していました。これらの称号は、オスマン帝国の正統性の重層的な起源を暗示しています。

また、オスマン帝国下には、さまざまな民族や宗教に属する臣民がいました。オスマン帝国の宰相には、ムスリムばかりではなく、キリスト教徒も数多く採用されています。このような意味で、オスマン帝国は、近代西欧の主権国家とはまったく異なる帝国であったことを想起する必要があります。

その支配する領域も一六世紀にはアジア、アフリカ、ヨーロッパにまたがる広大なものになります。一六世紀前半から半ばにかけてのスレイマン一世（一五二〇〜六六年）の時代には、オスマン帝国は軍事力で他国を圧倒するに至り、その領域は中央ヨーロッパから北アフリカにまで広がりました。そして、一五二九年のオスマン帝国軍によるウィーン包囲は、スレイマン一世時代のオスマン帝国の最盛期となりました。

オスマン帝国とヴェネツィア共和国、スペイン、教皇軍からなるカトリック連合軍の間で行われた一五七一年のレパントの海戦でオスマン帝国海軍が敗退するまでは、宗教戦争に苦しむヨーロッパにとっては、オスマン帝国の膨張を防ぐのがやっとでした。

オスマン帝国のバルカン半島の征服と領域の拡大の結果、ハプスブルク帝国とオスマン帝国との間で直接的な緊張が生じました。同時に、ハプスブルク帝国の脅威に直面したフランソワ一世のフランスは、中欧における同盟国を模索した結果、スレイマン一世のオスマン帝国との同盟を志向するようになります。オスマン帝国が、一六世紀のヨーロッパの勢力均衡の鍵を握ったわけです。

一方、一七世紀前半には、ネーデルラント連邦共和国やイギリスが、オスマン帝国に対抗するためにアッバース一世下のペルシャのサファヴィー朝と同盟を志向しました。このような意味において、オスマン帝国は一六世紀以降、早い段階からヨーロッパの勢力均衡の一部となっていたことに留意する必要があります。

フランスとオスマン帝国の同盟

一五三六年には、フランソワ一世はフランスのオスマン帝国への常駐大使としてジャン・ド・ラ・フォレをイスタンブールに派遣し、正式にフランスとオスマン帝国の間で同盟が結ばれます。この結果、オスマン帝国は帝国内の異教徒を保護するシステムであるキャピチュレーション、すなわち通商上の恩恵をフランスに与えました。

キャピチュレーションとは、オスマン帝国が領内在住の外国人に対して恩恵として認めた特権(imtiyazat/privilege)です。通商・居住の自由、領事裁判権、租税免除、身体・財産・企業の安全等が保障されました。一五三六年にスレイマン一世がフランス王フランソワ一世に与えたのが最初で、その後一五七九年にイギリス、一六一三年にオランダにも同様の特権が認められます。

それはオスマン帝国の伝統的な秩序に基づいて、共通の敵、ハプスブルク帝国を前に、オスマン帝国がフランスに与えた特別な恩恵でした。その意味で、オスマン帝国とフランスの同盟関係は、オスマン帝国中心の国際秩序を基礎として成立したものと考えることができるでしょう。

これ以降、フランスはイスタンブールのガラタ地区に常駐大使を置き、一九二三年にローザンヌ条約でキャピチュレーションが正式に廃止されるまで、オスマン帝国との通商上の利権が維持されることになりました。

しかし、キャピチュレーションの制度は、一九世紀になるとオスマン帝国の衰退とともに、オスマン帝国内における外国列強による特殊な「特権」へと変質していきます。結果的に、キャピチュレーションは列強のオスマン帝国への内政干渉を誘発し、帝国の分割を促しました。明治日本政府が不平等条約の改正に苦しんだのと同様に、オスマン帝国は、自らがかつてヨーロッパ諸国に与えた恩恵のために、その近代化に苦しんだのでした。

一六世紀のオスマン帝国は、宗教的な寛容という点でも当時のヨーロッパよりもむしろ進んでいました。ハプスブルク帝国に対峙したオスマン帝国は、ヨーロッパの新教徒の多くを自らの保護下におきました。ユグノー派やカルヴァン派、英国国教会派などのさまざまな新教徒たちは、宗教戦争の荒れ狂うヨーロッパを逃れ、イスタンブールに保護を求めています。

当時、スペインの圧政に対抗しようとしたオランダのオラニエ公ウィレム一世が、オスマン帝国に支援を求めた際には、オランダのフランダースのルター派の新教徒に宛てて、スレイマン一世は、教皇と皇帝と戦おうとしている新教徒たちへの同情を隠さず、オスマン帝国軍を派遣する用意がある旨のメッセージを伝えています。

一五二九年の第一次ウィーン包囲から一六八三年の第二次ウィーン包囲に至るまでの一五〇年間は、オスマン帝国のパワーがハプスブルク家のそれをはるかに凌駕しました。一方、ヨーロッパでは宗教戦争と三十年戦争が国々と人々の力を削ぎ、オスマン帝国に対抗するなど思いもよらなかったということでしょう。

オスマン帝国をヨーロッパ秩序に組み込んだクリミア戦争

しかし、一七世紀後半から一九世紀にかけてヨーロッパ諸国が台頭すると、オスマン帝国は相対的な衰退に苦しみます。一九世紀後半には、オスマン帝国はヨーロッパ列強の勢力均衡争いの捌け口となり、その伝統的な秩序ばかりか、その生存までが脅かされていくのです。

アジアにおいてもロシアのシベリア鉄道を通ずる朝鮮半島への南下が、明治日本政府の警戒を呼び覚まし日清戦争へと続く伏線となったように、中東地域においても一八世紀後半以降のロシアによる南下が契機となって、衰退するオスマン帝国はヨーロッパ列強による利害調整の捌け口とされていきます。

ロシアは、バルカン半島、黒海、カフカースの三方面から不凍港を求めて戦略的に南下を続けました。とりわけ、黒海を自らの内海とし、オスマン帝国の中心部にある、ダーダネルス海峡とボスフォラス海峡の両海峡を狙うロシアの動きは、インドへの交通路に対する脅威と見た英国の警戒を招きます。この英露間の戦略的対峙こそ、オスマン帝国を幾度もの戦争へと巻き込み、その衰退と解体を促していくのです。

一七六八年九月にオスマン帝国がロシアを襲撃したことで始まった、ロシア帝国とオスマン帝国の第一次露土戦争は六年にわたりました。その結果、結ばれたキュチュク・カイナルジャ条約は、その後のヨーロッパ列強によるオスマン帝国への干渉を表す「東方問題」の先駆けとなります。

この条約によって、ロシアは、クリミア・ハン国をオスマン帝国から事実上独立させ、現在のウクライナ地域への影響力を伸張させます。さらに、イスタンブールに正教会を建設する権利を認めさせるとともに、その正教会と、ワラキアおよびモルダヴィアにおける正教徒の保護権を獲得します。これを契機として、ヨーロッパ列強はオスマン帝国下のキリスト教徒臣民の権利を擁護すべく干渉をはじめました。

さらに、黒海への進出を狙うロシアと、これに反対するオスマン帝国、ロシアの南下を食い止めたい英仏がオスマン帝国側に立って参画したクリミア戦争は、「瀕死の病人」をさらに弱体化させ、オスマン帝国をヨーロッパの秩序に組み込んでいきます。

クリミア戦争勃発の背景には、当時の聖地エルサレムの管轄権をめぐるロシアとフランスの対立がありました。ナポレオン三世下のフランスは、カトリック国として一八五〇年にオスマン帝国に聖地エルサレムの管轄権を強引に認めさせました。しかし、ロシア正教の守護者を自任するロシアは、フランスに聖地の管轄権をオスマン帝国が譲渡したことを許容せず、これを撤回することをオスマン帝国に求めたからです。

戦争に至るもう一つの伏線は、オスマン帝国下のナショナリズムの台頭です。特にバルカン半島のナショナリズムがオスマン帝国からの独立を志向したため、これがクリミア戦争を引き起こす要因となったのです。直接の契機となったのは、もともとオスマン帝国の宗主権下にあったモンテネグロでした。ロシアとオーストリアの賛同の下で、主教公のダニーロ一世が世俗的なモンテネグロ公国樹立を一八五二年に宣言すると、これを好ましく思わなかった宗主国のオスマン帝国との間で軍事衝突が始まります。この軍事衝突が泥沼化すると、ダニーロ一世は、オスマン帝国との仲介をロシアに依頼します。ところが、ロシアとオスマン帝国との交渉は断絶します。

聖地管轄権のフランスへの譲渡の撤回を行わないオスマン帝国に業を煮やしたロシアが、一八五三年七月、オスマン帝国の宗主権下にあったモルダヴィアとワラキア（現在のモルドヴァとルーマニアの一部）に侵攻したのに対して、オスマン帝国は同年一〇月にドナウ河を渡河し、ブカレスト郊外の前哨基地に攻撃を加え、とうとうクリミア戦争が始まりました。

シノープの海戦でオスマン帝国海軍がロシア海軍に奇襲されると、ロシアに対するヨーロッパ諸国の危機感が高まります。なぜなら、これによってロシアの黒海支配が決定的となったからです。英仏両国は、一八五四年三月にオスマン帝国側に立ちロシアとの戦争に踏み切りました。オーストリア、プロイセンもオスマン帝国支持に回りました。一八五五年には列強としての認知を求めて、サルディニア（後のイタリア）も参戦して、戦争は大規模化していきました。

クリミア戦争では、明らかな勝者や敗者が出ることはなく、戦争を終わらせた一八五六年のパリ条約はヨーロッパ諸国間の妥協案とでも言うべき内容となりました。

条約は、オスマン帝国の独立と領土保全を保障するとともに、オスマン帝国下の宗教非差別化、オスマン帝国に対する内政不干渉、ダーダネルス・ボスフォラス両海峡の閉鎖の原則確認、黒海の中立化、ドナウ川の航行の自由、モルダヴィア・ワラキア両公国の事実上の独立承認、セルビアの自治権承認などからなるものでした。

ヨーロッパにおけるオスマン帝国の位置付けを考える上で、このパリ条約は大きな意味を有しています。なぜなら、オスマン帝国をヨーロッパという国際社会のメンバーとして暫定的に認め、近代の国際法がオスマン帝国に初めて適用されたからです。

パリ条約の前文には、オスマン帝国の独立と一体性がヨーロッパの平和にとって必要不可欠であることが明記されました。これは、オスマン帝国がヨーロッパの主権国家として暫定的に認められ、ヨーロッパの公法がオスマン帝国に適用されたことを意味しています。

同時にパリ条約において、オスマン帝国下の宗教如何に拘らず臣民の平等を保障する改革憲章についてスルタンによる宣言が要請されたことは、オスマン帝国にとっては屈辱的な出来事でした。

クリミア戦争は、極東における英仏諸国の進出の動きにも影を落としています。クリミア戦争の最中に、英仏の先を越して米国がペリー提督を日本に派遣し、日米和親条約が一八五四年三月に締結されたことは、オスマン帝国や中国の近代化がヨーロッパ列強の草刈り場となるのに比して、太平洋を挟んだ米国との接近こそが、日本の近代化を特徴づけることになりました。

太平洋を挟んだ米国のアジアへの関心は、ヨーロッパ列強勢力のみによるアジアの分割という歴史の流れを不可能なものとしたのです。米西戦争後、フィリピンを植民地化した米国は、さらにアジアへの関心を強めます。日露戦争におけるセオドア・ルーズベルト大統領による日露の講和の仲介や、米国による中国に対する門戸開放政策は、アジア近代の秩序形成に重要な影響を与えました。

オスマン帝国の屈辱と解体

クリミア戦争の結果が、かろうじてオスマン帝国の現状維持につながったとすれば、露土戦争（一八七七〜七八年）での敗退は、オスマン帝国を屈辱的な立場に追いやっていきます。

露土戦争後のサン・ステファノ条約はロシアの南下政策を追認する結果となり、オスマン帝国の宗主権下にあった国々の独立の承認という形でロシアのパン・スラヴ主義が現実化します。それは言い換えれば、ヨーロッパ列強によるオスマン帝国の分割を通じて、民族主義の台頭する地域を「国民国家」として独立させていくオスマン帝国解体プロセスの始まりでした。

それは、オスマン帝国による地域秩序を、ウェストファリア体制を適用することにより、ヨーロッパの近代秩序の枠組みの中で再編成していくということに他なりません。このため、パリ条約で保障されたオスマン帝国の領土の一体性は反故にされることになります。

しかし、サン・ステファノ条約は、ロシア以外の列強にとっては、ロシアの勝ちすぎを意味しました。これは、オスマン帝国の領土を奪いながら列強間の勢力均衡を維持するという東方問題の黙契に背馳するものだったのです。そこでサン・ステファノ条約を含む東方問題全般を議題に、誠実な仲介人と自称したビスマルクは、一八七八年六月から七月にかけてベルリン会議を主催し、ロシアを牽制することを目論みました。

ウィーン会議以降最大の国際会議となったベルリン会議は、英露間の事前交渉の合意もあって、サン・ステファノ条約をロシアに廃棄させ、ロシアの権益拡大を阻止するベルリン条約として妥結しました。

その結果、ブルガリアの領地は大幅に削減されるとともに、オスマン帝国にはマケドニアや東ルメリ自治州が戻される一方で、ルーマニア、セルビア、モンテネグロの独立も承認されます。また、スラヴ系住民の多いボスニア・ヘルツェゴヴィナは、オーストリアが統治することに定まり、イギリスはトルコからキプロス島を獲得しました。イタリアとフランスの間にあったチュニジア問題は、オスマン領チュニジアの管理においてフランスの優位が認められました。

ロシアには、ベッサラビア地方と小アジアの一部のみの回復、ドナウ川の航行権、八億フランの賠償金の獲得のみが認められ、ロシアの権益は大幅に抑制されることになり、ロシアを警戒するその他の列強にとっては望ましい成果となったのです。

無論、オスマン帝国にとっては、大きな損失であったことには変わりありません。一八七六年の新憲法の際の領土と較べて、その領土の四割が奪われ、人口も五五〇万人、おおよそ一五パーセントが失われることになったからです。

　オスマン帝国ではクリミア戦争と前後して、外国に与えられたキャピチュレーションの意味も変化していきます。それは、強者であるオスマン帝国が弱者であるヨーロッパ諸国に与えたかつての「恩恵」ではなくなり、ヨーロッパ列強によるオスマン帝国内での植民地主義的な伸張を可能とする「特権」への変化でした。たとえば、クリミア戦争後、パリ条約に基づいて一八五六年に公布された改革勅令では、ムスリムと非ムスリムの権利の平等が宣言され、イスラム法に基づく非ムスリムに対するムスリムの優位という原則が変容するのです。

　自国内の臣民を宗教による差別化ではなく、国民として再編することは、オスマン帝国の宰相府にとっても、喫緊の課題でした。それは、ムスリムと非ムスリムの地位の不平等という口実を通じて、オスマン帝国の内政に関与しようとするヨーロッパ列強に対峙する上でも必要不可欠なことだったからです。

　しかし、非ムスリムに与えられた宗教特権は、その後、オスマン帝国内における不可侵の宗教的特権として確立していきます。また、クリミア戦争以降、ヨーロッパ列強は、オスマン帝国内における通商や司法、信教、領土にかかわる「外国人特権」を、もともとあったキャピチュレーションの権限を拡大解釈しつつ、オスマン帝国政府に押し付けていくのです。これに対して、オスマン帝国は自らの主権を維持しつつも、こうした特権の定式化を進めざるをえなくなっていきます。[18]

　さらに、イオニア七島共和国、両ドナウ公国（現在のルーマニア）、セルビア公国、ブルガリア公国、モンテネグロ公国の五つの特権諸州については、オスマン帝国は自治（事実上の独立）を認めながらも、その「宗主権」を維持する形で、領土的一体性を確保しようとしたのでした。

一九世紀末にはオスマン帝国の改革を目指す運動は、「青年トルコ運動」に結集していきます。保守的なアブデュルハミト二世の度重なる弾圧を受けることで、オスマン帝国の青年将校を中心にスルタンによる専制に対して不満が蓄積されていきます。

一九〇八年に起きた、マケドニアのセラニキ（現在のギリシャ領テッサロニキ）に駐屯していた「統一と進歩委員会」に属する青年将校による蜂起は、オスマン帝国憲法を復活させることに成功するのです。青年トルコ運動はもともと、「オスマン・ネーション」を結晶化することを目指した運動だったのですが、結局、第一次世界大戦を経て、トルコのナショナリズムへと転化していくことになります。

一方、これに呼応する形でシリアやイラクにおいてはアラブのナショナリズムが次第に台頭してくるのです。オーストリア・ハンガリー帝国をモデルにしたアラブ・トルコ連邦君主国を目指すカフターン会や、パリやベイルートにおいて台頭した、アラブの独立を要求する青年アラブの民族主義運動、そして、オスマン帝国軍の将校を中心に結成された誓約協会などの結社が、相互に結びつき政治運動が展開されていきました。

しかし、オスマン帝国の近代化を中央集権化によって実現しようとした青年トルコ運動には、ほとんど改革の時間は残されていませんでした。現在のリビアをめぐるイタリアとの戦争、バルカン諸国との二度のバルカン戦争はさらにオスマン帝国を疲弊させました。そして、事実上の第三次バルカン戦争が、第一次世界大戦へと発展すると、ドイツに味方したオスマン軍は敗退を重ね、ついに一九一八年一〇月休戦協定が調印されます。

国民国家をもたらしたサイクス・ピコ協定とムスタファ・ケマル

第一次世界大戦におけるオスマン帝国の敗退は、帝国そのものの終焉を決定づけました。オスマン帝国の後継者としてアタテュルクの下でトルコ共和国が成立することで、最終的にヨーロッパの近代秩序がトルコという近代国家に移植されました。オスマン帝国は自らが消滅することで初めてウェストファリア秩序に統合されたのです。

オスマン帝国の第一次世界大戦敗退を受けて締結された、一九二〇年のセーブル条約は、オスマン帝国の伝統的秩序に終止符を打ちました。

セーブル条約は、クルディスタンの自治、イズミルやエーゲ諸島の割譲、シリア及びメソポタミアの委任統治領化、ヒジャーズの独立に加えてエジプト、スーダン、キプロス、チュニジア、リビアに対する「トルコ」のあらゆる権限を否定しました。同時に、同条約は、トルコに「他国の主権下、あるいは保護下にあるムスリムに対する宗主権や裁判権に関わるあらゆる権利を、それがいかなる種類のものであれ、明確に放棄する」ことまで認めさせたのです。

具体的には、大戦中の英仏両国による一九一六年のサイクス・ピコ協定に基づき、オスマン帝国の支配していた地域にアラブ民族による主権国家が樹立されることを通じて、地域の秩序がラディカルに再編されることになります。

サイクス・ピコ協定は、英仏以外にロシアも加わり、オスマン・トルコ帝国を事実上三分割することを意図した秘密協定です。①シリア、アナトリア南部、イラクのモスルをフランスの勢力圏に、②シリア南部と南メソポタミア（現在のイラクの大半）をイギリスの勢力圏に、③黒海東南沿岸、ボスフォラス海峡、ダーダネルス海峡両岸地域をロシアの勢力範囲とするものでした。

サイクス・ピコ協定以外に、イギリスがアラブに約束したアラブ国家建設を旨とするフセイン・マクマホン協定、そして、ユダヤ人にパレスチナに居住地を約したバルフォア宣言とあわせて、イギリスによる三枚舌と呼ばれる外交が、第一次世界大戦後の中東の国家の枠組みを形作ったのです。

このプロセスにおいては、オスマン帝国の消滅と、国際連盟の委任統治システムを通じた英仏による実質的な保護国化の動きが同時に並行的に存在しました。

こうした連合国によるオスマン帝国解体に加え、国民国家としてのトルコ共和国の成立は、それまでのオスマン帝国のスルタン・カリフ制による伝統的な秩序に代えて、西欧式の近代的な国際秩序が明確に移植された分水嶺となりました。第一次世界大戦後のオスマン帝国解体という祖国の危機の中で、ムスタファ・ケマル（アタテュルク）の率いる国民軍が、進駐したギリシャ軍などの外国軍と祖国解放戦争を戦ったのです。このトルコ革命は、近代的な主権国家を目指した国際秩序の変容プロセスでした。

ギリシャ軍の敗退を見た英仏を中心とする連合軍は、オスマン帝国政府と締結したセーブル条約を破棄して、ローザンヌで改めて交渉を行うことをオスマン帝国政府と大国民議会に通報します。ローザンヌ会議で大国民議会が新生トルコを代表することを狙ったムスタファ・ケマルは、一九二二年に大国民議会を招集し、オスマン帝国のスルタンの位の廃位を決定しました。ケマルは、次のように大国民議会の議員たちに呼びかけたのでした。

主権とスルタン制は、実力、権力、武力によって奪取されるものである。オスマン王朝の息子たちは武力によってトルコ国民の主権とスルタン制を奪取し、このようにして奪い取ったものを六世紀にわたって維持してきた。いまやトルコ国民は謀反を起こしてこれらの奪取者にストップをかけ、主権とスルタン制を実際に自分たちの手に取り戻した。これは成し遂げられた事実なのだ。

この結果、メフメト六世は国外に亡命し、スルタンの地位が正式に廃され、オスマン帝国は終焉します。それは、オスマン帝国のスルタン・カリフこそが祖国を解体の危機に追い込んだ張本人であり、すでに時代錯誤的な存在であったことの反映でした。当時、アブデュルハミト二世から最後のスルタン・カリフとなるメフメト六世までの最後の三代のカリフは、西欧式の自由主義や民族主義に惹きつけられていた多くの知識人たちから反発をかっていたのです。

その後、メフメト六世の従兄弟であったアブデュルメジト二世がカリフとして宣言しますが、オスマン帝国というイスラム国家のスルタンとしての権限はすでに失われていました。一九二三年に誕生したトルコ共和国政府が政治権力ばかりか、宗教界も全面的に支配していたからです。

やがて一九二四年三月三日には、カリフ制も廃止され、アブデュルメジト二世は「オリエント急行」に乗り込み、スイスに亡命したのでした。

オスマン帝国解体は、世俗的な国家主権を旨とする新生トルコ共和国側から見れば、新たな秩序を自らが選び取った結果でした。無論、第一次世界大戦における敗戦のためオスマン帝国が外国軍によって解体される中では、トルコには、近代のウェストファリア体制の中で国民国家として歩むという選択肢しか、もはや事実上残されていなかったのです。

皮肉なことにトルコ共和国は、スルタン・カリフ制を中心におくイスラムという自らの伝統的な秩序を敵とし、自らを解体せんとする連合国に対して勝利を収めることにより、ようやく近代的な国際秩序に統合されていったのです。

トルコ共和国は、オスマン帝国の伝統的な秩序を解体したヨーロッパ列強に対抗する上で、近代的で世俗的な国民国家を自らが選びとったという自負と、そのような横暴を行ったヨーロッパ近代へのルサンチマンを、そのアイデンティティの核心に抱えています。そのような新生トルコのアイデンティティへの理解を抜きにして、現在のトルコ与党公正発展党（ＡＫＰ）による世俗主義への嫌悪と、穏健なイスラムへの回帰を求める現代トルコの政治は語りえません。

アラブに現れた巨大な白地図

オスマン帝国が終焉した後、英仏の委任統治下におかれたアラブ地域では、トルコ共和国とはいささか異なる状況が出来しました。オスマン帝国が消滅し、カリフもいなくなった後の、旧オスマン帝国下の広大な領域は、国境も国家も存在しない白地図となりました。英仏の委任統治下や勢力圏とはいっても、国家と呼べるような実体はそこには何もありませんでした。

ポスト・オスマン帝国という地理的空間には、そもそもエジプトやシリアの一部の知識人や名望家を除けば、旧オスマン帝国下のオスマン・ナショナリズムのようなある程度成熟した民族主義や、いわんや民主主義、自由主義といった近代の国家を創るために必要不可欠な思想や成熟した国民はほとんど存在しなかったからです。

しかし、英国は、その中東地域での覇権を間接的に維持するため、オスマン帝国のスルタンに代わって、メッカのシャリーフたるハーシム家のフセインがアラブのカリフとなり、フセインを王とする統一アラブ国家を創るという野望に賭けたのです。英国は第一次世界大戦中に、エジプトのイギリス高等弁務官であったマクマホンとメッカのシャリーフであるフセインとの間での往復書簡において、アラブの独立を認める代償として、メッカのシャリーフであるフセインがアラブの反乱を起こすという取り決めをすでに結んでいました。

実は、第一次世界大戦においてオスマン帝国に反旗を翻すようにアラブ人を駆り立てたアラビアのローレンスは、アラブ人の政治的な能力を次のように喝破していました。

国というものに対する彼らの考えは、部族や一族の独立にある。国民的団結に対する彼らの考えは、侵略者に対する偶発的でまとまった抵抗なのだ。建設的な政治、組織化された国家、広大な帝国といったものは、彼らの能力を超えるばかりか、彼らの本能にそもそも反するものなのだ。我々か、我々連合国が、効率的なアラブ帝国を創らない限り、まとまりのない田舎の地方政府の寄せ集め以上のものにはならないだろう。[19]

ローレンスはアラブ人のナショナリズムに何ら期待していなかったにもかかわらず、「アラブ国家」の夢を追うのです。そして、アラブの「夢の宮殿」は、ローレンス自らが予見したとおり、まさに砂上の楼閣で終わるのです。第一次世界大戦の終結とオスマン帝国の終焉によって生まれたアラブの国家システムは、最初から二つの深刻な矛盾を抱えていました。

一つは、オスマン帝国下のイスラムに基づく伝統的な秩序と切り離されたことであり、もう一つは、英仏の強権的な委任統治と恣意的な分割支配による国家形成を余儀なくされたことです。この結果、アラブ諸国の近代史は、アラブ主義のスローガンを通じた軍事独裁としての権威主義的な統治と、これに対抗するイスラム主義との不毛な対立に彩られることになります。過去を否定された上で、未来に向かうことすらできなければ、どこに向かえばよいのでしょうか。この「アラブ国民国家」の正統性の欠如という難問こそが、アラブ国家の誕生とともにあったのです。

フランスがシリアに振るった強権

この点で、現在のシリアの混乱の歴史的背景を知る上でも、シリアという近代国家がいかにして生まれたかを振り返ってみる必要があります。中でも、一九二五年にフランス支配に対して反旗を翻したシリアのアラブ人の反乱と、それに対するフランスの徹底した弾圧は、現在のシリア紛争の深淵にあるといってもよいでしょう。

そもそも、この地域を示す「ビラード・アル・シャーム」（大シリアの国）という言葉は、現在のシリア共和国という狭い概念ではなく、現在のレバノン、ヨルダンやイスラエル、パレスチナ、イラクの一部、トルコ領となっているアレクサンドレッタなどを含む広大な土地を意味していました。しかし、この「シャーム」の土地は、英仏による妥協に基づいて、現在の異なる主権国家の領域に分割され、人工的な形で近現代の国家形成が進められたのです。

今、中東地域で暴力の嵐の中核にいるダーイシュのもともとの名前が「イラクとシャームのイスラム国」であることは、ダーイシュが近代主権国家としての「シリア」という言葉をいかに嫌っているかをよく表しています。

さて、アラブ国家を創設する上で大英帝国が選んだ選択肢は、年老いたシャリーフ・フセインではなく、その息子のファイサルでした。第一次世界大戦の終結とともに、ダマスカスに凱旋したファイサル・イブン・フセインは、オスマン帝国が消え去った広大なアラブ地域に統一アラブ国家を創設することを目指しました。

一方で、ファイサルは弱みを抱えていました。そもそも、オスマン帝国軍を打ち破ったのはアレンビー将軍率いるイギリス軍であり、アラブ軍はゲリラ戦を中心とする限定的な働きしかしていなかったのです。パリで行われた講和会議においても、ファイサルはあくまでもアラビア半島の西部ヒジャーズの王として参加が認められたにすぎません。ファイサルは、ウィルソン米国大統領の示した民族自決権を頼りにアラブ国家の樹立を求めますが、その要求は英仏両国によって無視されます。

オスマン帝国領の分割を意図した英仏と異なって、ウィルソン大統領の理想主義の下で米国政府は、オスマン帝国領の現地調査を行うために、キング・クレイン委員会を発足させます。この委員会は四〇日以上にわたって現地調査を行い、現地の住民の意見を報告書にまとめました。キング・クレイン委員会は、委任統治そのものについては、独立は時期尚早として委任統治を認めましたが、一方で、現地の大多数の人々が統一された大シリア地域を望んでおり、過半数の人々がファイサルを国王とする民主的な王国を期待していることを指摘したのです。

同委員会報告書によれば、ユダヤ人のナショナル・ホーム（民族郷土）を創るというシオニストのプログラムには大多数が反対でした。マロン派などのキリスト教徒を除けば、英仏による委任統治領を望む者がわずかしかいないことも赤裸々にされたのです。しかし、この調査の結果は一九二二年まで公表されず、実際の委任統治領の決定に何ら影響を与えませんでした。

結局、この広大な地域は、英仏が戦時中に結んだサイクス・ピコ協定の枠組みに沿って、一九二〇年四月のサン・レモ会議で分割されることが正式に決まります。

バルフォア宣言によって、ナショナル・ホーム創設がユダヤ人に約束されていたことから、大シリア地域からパレスチナがまず分割され、トランスヨルダン（現在のヨルダン）とともに、イギリスの委任統治下に置かれることになりました。

また、イギリスは、戦時中にファイサルにアラブ国家の独立を約束したマクマホン宣言を遵守すべきことをフランスに求めましたが、最終的にはイギリスは自らの財政上の負担を懸念してフランスに譲歩し、フランスは大シリア地域の北部、すなわち現在のシリアとレバノンを委任統治領として獲得することになったのです。

一九二〇年三月にダマスカスでは、シリア国民会議の支持を受けファイサルを国王としてシリア王国の独立が宣言されていました。それにもかかわらず、フランスはサン・レモ会議によってシリアが委任統治領となったことをふまえ、ダマスカスに進駐を開始します。わずかな軍事力しか有していないシリア国民政府の戦争大臣であったユースフ・アル・アズメは、小規模な部隊を率いて近代的装備のフランス軍に抵抗しました。しかし、このシリア国民軍は、七月二五日にダマスカス西方のマイサルーンの戦いでフランス軍にひとたまりもなく敗退し、ユースフ・アル・アズメも戦死します。この点で、現在、シリア反体制派武装組織のアハラール・シャームが、マイサルーンの精神で体制側と戦うことを誓っているのは象徴的です。結局、シリア王国の国王になったはずのファイサルは、ダマスカスを後にしてイギリスに亡命せざるをえませんでした。

この後フランスは、キリスト教マロン派が多いレバノンを一つの州とし、大シリア地域からレバノンを分離独立させていく方向に歩みだします。また、アラビア語を話す住民が多数を占めるアレクサンドレッタ地域も、トルコ共和国との間で合意しトルコに割譲するのです。こうした恣意的かつ強権的なフランスによる委任統治は、この地域のさまざまな人々の反乱を招くことになります。

一九二五年七月にシリア南部のホウラン地域で始まったドルーズ教徒を中心とする反乱は、首都ダマスカスに加えて、ホムスやハマなどの地方都市のアラブ人にも拡がりました。ダマスカスで蜂起した者たちは、現在の反体制派と同様に、近郊のグータの森に逃げ込みました。フランスはこれらの反乱を徹底的に弾圧しました。そして、誕生したばかりの人工国家シリアにおけるアラブ人の独立への要求は、委任統治国フランスの強権的な力によって封じ込められたのです。[20]その後も、フランスは委任統治領シリアへの投資額の相当部分を治安対策にあてざるをえず、民生分野への投資は限定的にならざるをえませんでした。

アラブ権威主義体制の行き詰まりと過激なイスラム主義の反逆

そもそも、イラクやシリアにおいて、大多数のアラブ人は新生国家の運営とは無縁の存在でした。そこには国家と社会が有機的に結びつくような民主主義は存在しませんでした。それゆえ、イギリスは、シリアを追われたファイサルをイラク国王とし、その兄のアブドゥッラーをトランスヨルダンの国王にすえ、生まれたばかりの国家の正統性をかろうじて権威づけたのです。

しかし、英仏が去った後のイラクやシリアでは、国家機構が軍事エリートによって奪取され、アラブ民族主義を掲げるバアス党の下に権威主義的な体制が長らく続きました。また、エジプトでも革命を通じて王制を倒したナセル以降、アラブの春に至るまで、サダト、ムバラクと軍出身の大統領の下で権威主義的体制が続きました。近年までアラブの権威主義体制が民主化プロセスを阻んだことは、このようなアラブ諸国の歴史的成り立ちを抜きにして語れません。

アラブ民族主義がアラブ諸国の体制を次第に権威主義化していったのに対し、草の根からの宗教的な政治運動としてイスラム主義が同時に生まれました。その嚆矢はムスリム同胞団です。エジプトにおいてムスリム同胞団が一九二八年にハサン・アル・バンナーの指導下で組織化されます。そして、ムスリム同胞団がエジプト政府の弾圧を受けると、監獄の中からより過激な思想が生まれます。すなわち、サイイド・クトゥブによる過激な「タクフィール」思想を受けて、暴力をもって戦うことを辞さないジハード主義を生み出すのです。

最も過激なイスラム主義者のことを「タクフィーリー」と呼びますが、これは、いかなる他者もカーフィル（異端者）であることを宣言する人間を意味します。このタクフィール思想は、権威主義的で世俗的なアラブ国家体制を、イスラム主義者がイスラムの名の下に異端であるとして糾弾することを可能にしていくのです。それは、イスラムという宗教を騙った革命思想でした。こうして過激なイスラム主義の思想は、アルカーイダを生む土壌を用意していきます。

一九八一年にエジプトのサダト大統領が過激なジハード主義者の凶弾によって暗殺されると、アラブの権威主義的体制とイスラム主義運動の抜き差しならない対峙が頂点に達します。エジプトでは九〇年代後半まで、ジハード団やイスラム集団といった過激なイスラム主義組織によるテロとの戦いが続きます。シリアではハーフェズ・アサド大統領によって、一九八二年にシリア中部の都市ハマで起きたムスリム同胞団の蜂起が徹底的に鎮圧され、シリア全土からムスリム同胞団員が排除されます。

サウジアラビアにおいても、一九七九年にマフディー（救世主）を自称するカハターン・カハターニに率いられた武装したイスラム主義過激派がメッカのアル・ハラム・モスクで占拠事件を起こし、当局によって鎮圧されると、イスラム主義者に対する弾圧が強化されていきます。

このようなアラブ諸国体制という「近い敵」とのローカルな対峙は、「遠い敵」である米国を標的とするアルカーイダの出現によって、グローバルな「テロとの戦い」へと昇華していきました。また、イラク戦争以降のテロとの戦いの中で、イラクを除くアラブの権威主義的体制の多くが、その国内的な立場を一時的に安定化させたことから、一層長期的な独裁体制が確立され、アラブ諸国の国内政治の閉塞感がより行き詰まったものとなったのです。

アラブ諸国体制においては、上からの権威主義体制の行き詰まりと下からのイスラム主義の反逆という二項対立のダイナミズムが、結局、「アラブの春」を一時の幻に終わらせ、その後に勃発したアラブの混乱へとつながる大きな背景となりました。中東史の碩学アヴィ・シュライムは、現在まで続く中東地域に拡がる混乱、不安定さ、そして民衆の権利の欠如をとらえて、「ポスト・オスマン症候群」[21]と名づけています。そして、その主たる原因が、第一次世界大戦後にこの地域に出現した政治と領域の秩序が正統性を欠いていることにあると指摘しています。

この点で、現在の中東の混乱は、ヨーロッパ列強によるオスマン帝国の解体という歴史が残した残滓を、この地域の人々が自ら乗り越えることができるか否かという歴史の挑戦なのです。

第四章　英独建艦競争の教訓
――同盟、国防、インテリジェンス

日本の状況を一〇〇年先取りしていた覚書

東シナ海や南シナ海で中国が引き起こしているさまざまな問題を理解する上で、世界の海軍史は数々の教訓に満ちています。中でも一〇〇年前の英国・ドイツ間の海洋覇権をめぐる対立は、私たちに直接的な示唆を与えてくれる稀有な例です。

なぜなら、それは台頭するドイツと、守勢にまわるイギリスという秩序変化のまさに只中で起きた中長期にわたる競合であったからです。そのような状況において、とりわけイギリスの指導者たちが下した判断とその政策を改めて吟味することは、私たちにとって貴重な教訓となるからです。

一九世紀後半、ヨーロッパ大陸の新興大国のドイツ帝国が、マハンの海軍戦略を好んで読んだウィルヘルム二世の意を受けて、ティルピッツ海軍大臣の下で進めた急速な建艦政策が、英国を警戒させせしめ、毅然たる対応を促しました。

当時、ドイツ帝国は世界的な帝国となるため、国力に応じた大洋艦隊（Hochseeflotte）が必要と考えました。一九〇〇年の第二次艦隊法において、それまでの一九隻から三八隻に艦船を倍増させることを決定し、実際に大洋艦隊への道を歩みだすのです。ところが、こうしたドイツ帝国の急速な建艦政策は、結果として、第一次世界大戦前に英国が「同盟」「国防」「インテリジェンス」の三つの基礎を形づくる上で、大きなチャンスをもたらしました。

当時のドイツの急速な台頭と、それがもたらした脅威の中で、英国はどのような考えに基づいて、いかなる対独政策をとったのでしょうか。今世紀初頭のヨーロッパ情勢に関する透徹した情勢把握を踏まえて、ドイツに対する毅然とした対応を進言したことで知られる「エア・クロウ・メモランダム」[22]を振り返りつつ、考えてみましょう。

エア・クロウは一九〇七年当時、英国外務省においてヨーロッパ情勢を担当しており、ドイツに対する厳しい対応こそが正しいものであるとして、自らの覚書——後にエア・クロウ・メモランダムとして有名になる——を英国政府要路に回覧しました。そこには、私たちが現在、直面している事態を一〇〇年も先取りしているかのような多くの類似性と、私たちが見習うべき一貫した見方があります。

エア・クロウは、「過去二〇年にわたって、(英国が)ドイツに非友好的、あるいは、ドイツの政策につねに反対しているとして、ドイツ政府による英国内閣に対する非難は止まなかった」と記した上で、ドイツがつねに一方的に英国に対する敵対的行動をとってきた事実を次のように指摘しました。

ビスマルクが最初に植民及び海洋政策を発表して以来、多くの問題が英独間でもちあがったが、一八八四年以来の英独関係を記録している出来事は、まったく異なる絵柄を描いている。すべての問題に共通するのは、いかなる問題も、つねにドイツ政府による英国に対する直接的かつ間違いない敵対行動によって始まっていることだ。

さらに不思議なことに、英国の外務大臣は問題が起きる度に、怒り心頭に発しているにもかかわらず、ドイツにつねに譲歩してきた点についても、次のように喝破しています。

そして、さらに驚くべき共通性は、心からの怒りにもかかわらず、英国の外務大臣は、ドイツ人すべてを満足させるわけではないにもかかわらず、(ドイツに対して)容易に譲歩したり、妥協を受け入れたりしてきたことだ。

ドイツの弱体化は望んでいない

同時に、クロウは、英国のドイツに対する立場はつねに開かれており、ドイツの正当な権利を認める態度も明らかにしています。

元気で成長力のあるドイツのような国が正当な努力の結果として享受すべき健康的な拡大という主張を無視することは正当でもなければ、政治的でもない。このような権利を率直に認めることを、いかなる国に対しても英国は拒否してきたことはない。

ドイツ帝国はこれまで実現した自らの拡大の相当部分を、英国の協力や、その友好的な精神、そして、英国の原則である平等な機会や非優遇政策に負っていることを思い起こすべきである。英国の利益、あるいは、条約上の義務に拘束されている第三国の利益と相反しない限り、そのような発展のプロセスを英国が阻害することは、決して良い政策とは言えないのである。

こうした立場は、単なる英国の寛容さではなく、ヨーロッパ大陸の勢力均衡の原則から、英国が弱いドイツを望むことは決してないという、次のような冷静な外交的判断に基づいていました。

英国が、勢力均衡の維持の一般原則に忠実である限り、ドイツが弱体化することによっては、英国の利益を守ることはできないだろう。これは、……フランスとロシア双方の優位につながりかねないからだ。

英国は、ドイツの権利や、領域等が削減されることを見たいと思っているわけではない。したがって、ドイツの行動が現在の権利の正当な維持という線を越えない限りにおいて、ドイツは英国の同情、善意、そして道徳的な支援までつねに期待することができよう。

もともと幼少期をドイツで育ち、ドイツ語の発音の訛りを英語にも引きずっていたと言われるエア・クロウならではと言うべきドイツに対する正当な理解でした。

強力な海軍建設は海上覇権につながる

エア・クロウ・メモランダムで最も重要なことは、ドイツの意図にかかわらず、ドイツによる強力な海軍建設という行為そのものが、英国を含め近隣国との緊張を増大させることが明快に示されていることです。

　ドイツの外交政策の確認された事実と合致する仮説を立てる必要があるならば、次の二つの仮説のいずれかになるだろう。

（第一の仮説は）ドイツは、全般的な政治的覇権と、海上における優越を究極的に追求しており、その隣国や、究極的には英国の存在を脅かすことになる。

（第二の仮説は）あるいは、ドイツは、そのような明々白々な野心とは切り離されており、諸国の中の指導的大国として自らの正当な地位と影響力を活用することのみを考えて、外国との商業を促進し、ドイツ文化の便益を広め、その国家的エネルギーの幅を拡大し、世界中に機会と場所が与えられる限り、ドイツの新鮮な権益を創造しようとしているというものである。（以下省略）

　いずれの場合でも、ドイツにとっては、自らに可能な範囲で、強力な海軍を建設することが得策となる。

上記の選択肢は、所与の可能性をすべて網羅していると思われるが、選択の余地はあまりないか、確かな選択を行うことも容易ではない。しかし、考えてみれば、英国政府はドイツ政府に関するいずれの仮説を受け入れるかを決める必要もない。なぜなら、第二の仮説は、いずれかの段階で、第一の、すなわち意識的な、意図のある仮説に含まれていくことになるからだ。

すなわち、ドイツの意図如何にかかわらず、ドイツが強力な海軍を建設すること自体が、結果としてドイツの海上覇権につながってしまうという明快なロジックをエア・クロウは示したのです。このような英国の懸念とその結果について、一九世紀後半から今世紀初頭の英独対立の台頭を描いた名著『英独対立の台頭』の著者であるポール・ケネディが、次のとおり指摘しているのは卓見です。

（ドイツの拡張の）このような目的の曖昧さは、もちろん、拡張（expansion）しつつあるが、その拡張の程度について将来的な限界を区切る意思がないか、そうすることができない新興国にとって特徴的なものである。……これがドイツにとって完全に自然な立場であったとすれば、このような野望の程度を推測することが、一層困難な英国にとっては、このため心配になり、そして注意深くなり、究極的に、ドイツが力をもって行動するならば、英国も力をもって対応しようとするのは、同様に自然なことであった。[23]

この当時のドイツに関するポール・ケネディの考え方は、現在の中国についてもあてはまります。中国では、もともと鄧小平が唱えた「堅持韜光養晦　有所作為」という考え方を変えて、二〇〇九年にはより積極的なアプローチをとるべきことを加えた「堅持韜光養晦　積極有所作為」が当時の胡錦濤国家主席によって唱えられています。

しかし、このように中国によって表明された言葉が、実際にどの程度の拡張を目指しているのか、あるいは国際秩序を自らの望むように本当に変えようとしているのか否かは、他者には知る由もありません。現代においても、エア・クロウのロジックに従えば、中国の力の伸張そのものが、その意図如何にかかわらず、結果としてより重要となることは間違いありません。

英国がとった三つの対策

それでは英国は、急速に拡張するドイツを前に、実際、どのような対策をとったのでしょうか。大きく分ければ次の三つにまとめられます。

最初に英国が行ったのは、ヨーロッパ大陸の各国との同盟関係の強化です。英仏露間のいわゆる「三国協商」の成立でした（露仏同盟・英露協商・英仏協商からなる三国間の事実上の同盟関係）。これに日英同盟を加えれば、英国は、実質的に四国協商を成立させ、ドイツと世界的に対峙することになりました。

次に英国がとった政策は、国防力の圧倒的な強化です。

当時の英国国防上の最大の成果は、ドレッドノート級戦艦の建造にありました。英国は、ドイツとの建艦競争に打ち勝つために、奇抜なアイデアを好んだフィッシャー第一海軍卿の下で、革新的な能力を有する新しい戦艦であるドレッドノート級戦艦を建造したのです。ドレッドノート級戦艦は、中間砲・副砲を撤廃し、単一口径の連装主砲塔五基で兵装を構成することによって、長距離戦を圧倒的に制する能力を得て、当時の戦艦の概念を一変させました。これは、冷戦時の米国による「オフセット戦略」の嚆矢と言ってよいほどでしょう。当時、ドレッドノート級戦艦は、「一隻で従来艦二隻分」以上の戦力に相当すると言われていました。

ドレッドノート級戦艦は、一九〇六年に就役すると、圧倒的に強力な戦艦となります。類似の艦を「ド級」艦と呼びました。数年後にはド級艦を凌駕する「超ド級」艦が誕生し、第一次世界大戦後まで続く大建艦競争時代につながっていきます。ちなみに、日本語で今でも「他を圧倒している」という意味で使う「超ド級」とは、ドレッドノート級戦艦を超えるという意味の「超ド級戦艦」から来ています。

最後に、今日、「MI6」として知られている英国の秘密情報部を創設したことがあげられます。必ずしもよく知られているわけではありませんが、この誕生の秘話は、その後の英国現代史に大きな足跡を残します。大英帝国防衛委員会の下に設けられた、ハーディング外務事務次官を議長とする分科会の決定として、一九〇九年に英国秘密情報部の原型の創設が決定されました。この決定の背景には、当時、英国内にドイツの秘密情報機関が浸透しているとの脅威が喧伝され、政府部内でもドイツの脅威に対して英国の無防備さが指摘されていたことがあります。

設立当初の英国秘密情報部の任務は、英国海軍の強い関心を反映して、ドイツ軍、なかんずくドイツ海軍の情報を収集することが最も大きなものでした。初代長官であるマンスフィールド・カミングは、当然ながら英国海軍出身でした。英国秘密情報部は、第一次世界大戦を経て対外秘密情報の収集にあたる機関として成長していきます。

興味深いことに、第一次世界大戦後、秘密情報部の英国陸軍および海軍からの事実上の独立にあたって、カミング長官は、英国外務次官となったエア・クロウの支援も受けています。こうして、英国秘密情報部は、英国外務省の下に正式に位置付けられ、対外的な機密情報収集にあたるという使命を帯びることになったのです。

我が国における「同盟」と「国防」の強化に続いて、真に独立した本格的な対外情報機関が創設されるのであれば、こうした英国の秘密情報部の創設の歴史的意味合いをよく噛みしめる必要があるでしょう。すなわち、台頭するドイツを前にして当時の英国は、「同盟」「国防」「インテリジェンス」の三つの強化を一斉に行うことに成功するのです。この後、第一次世界大戦が勃発しますが、英国は勝ち、ドイツは没落します。

エア・クロウの透徹した分析は、英国として将来の危機に対して準備する上で、必要不可欠な叡智を含んでいたことは間違いありません。国際秩序の劇的な変化の中で、エア・クロウの判断と当時の英国がとった諸政策から私たちが学ぶべきものは依然として大きいのです。[24]

1 Robert Cooper, The Breaking of Nations: Order and Chaos in the Twenty-First Century, 2003, 2004、邦訳はロバート・クーパー『国家の崩壊――新リベラル帝国主義と世界秩序』、北沢格訳、日本経済新聞出版社、二〇〇八年

2 ヘドリー・ブル『国際社会論――アナーキカル・ソサイエティ』、臼杵英一訳、岩波書店、二〇〇〇年

3 宗教改革の歴史については以下を参照。Diarmaid MacCulloch, The Reformation, 2003

4 成瀬駒男『ルネサンスの謝肉祭――ジャック・カロ』、小沢書店、一九七八年を参照

5 グリンメルスハウゼン『阿呆物語（上）』、望月市恵訳、岩波文庫、一九五三年、四六～四七頁

6 Charles Hill, Trial of a Thousand Years World Order and Islamism, Hoover Institution Press, 2011, p.31

7 カール・シュミット『大地のノモス』、新田邦夫訳、慈学社、二〇〇七年、一七六頁

8 カール・シュミット「レヴィアタン――その意義と挫折」、一九三八年、長尾龍一編『カール・シュミット著作集II』、慈学社、二〇〇七年、六九頁

9 次の近年の中国研究者他による意欲的な研究を参照した。岡本隆司編『宗主権の世界史』、川島真『中国近代外交の形成』、岡本隆司・川島真編『中国近代外交の胎動』、川島真・服部龍二編『東アジア国際政治史』、川島真・毛里和子『グローバル中国への道程――外交150年』、北岡伸一・歩平編『「日中歴史共同研究」報告書　第2巻　近現代史篇』、平野聡『興亡の世界史17　大清帝国と中華の混迷』

10 吉澤誠一郎『清朝と近代世界　19世紀　シリーズ中国近現代史①』、岩波新書、二〇一〇年を参照

11 佐藤慎一『近代中国の知識人と文明』　第一章「文明と万国公法」、東京大学出版会、一九九六年

12 大久保健晴「近代日本の黎明とヨーロッパ国際法受容」、酒井哲哉編『日本の外交　第3巻　外交思想』「第一部戦前」、岩波書店、二〇一三年

13 村田雄二郎責任編集『新編　原典中国近代思想史　第2巻　万国公法の時代』、岩波書店、二〇一〇年

14 古結諒子「第6章　日清開戦前後の日本外交と清韓宗属関係」、岡本隆司編『宗主権の世界史』、名古屋大学出版会、二〇一四年を参照

15 Joseph R. Levenson, Confucian China and Its Modern Fate: A Trilogy, 1968

16 オスマン帝国の解体とトルコの近代化等については、以下を参照。アラン・パーマー『オスマン帝国衰亡史』、新井

政美『イスラムと近代化——共和国トルコの苦闘』、トゥルグット・オザクマン『トルコ狂乱——オスマン帝国崩壊とアタテュルクの戦争』、Charles Hill, Grand Strategies

17 「西方問題」という言葉は、以下の著作に触発された著者による造語。山内昌之『中東国際関係史研究——トルコ革命とソビエト・ロシア　1918—1923』、岩波書店、二〇一三年、二一頁

18 以下の論文を参照。藤波伸嘉「第2章　主権と宗主権のあいだ——近代オスマンの国制と外交」、岡本隆司編『宗主権の世界史』

19 T. E .Lawrence, Secret Dispatches from Arabia, ed. M. Brown (London: Bellow, 1991), p.72

20 Daniel Neep, Occupying Syria under the French Mandate: Insurgency, Space and State Formation, 2012 and James Barr, A Line in the Sand Britain, France and the Struggle for the Mastery of the Middle East, 2011

21 Avi Shlaim, The Post-Ottoman Syndrome, Shifting Sands, edited by Raja Shehadeh and Penny Johnson, 2015

22 Eyre Crowe, Memorandum on the Present State of British Relations with France and Germany, Foreign Office, January 1, 1907

23 Paul Kennedy, The Rise of the Anglo-German Antagonism, 1987

24 第二部第四章は、二〇一三年一一月八日付でJBプレスに掲載された筆者原稿「『エア・クロウの覚書』に学ぶ対中政策　ドイツ相手に『同盟』『国防』『インテリジェンス』を強化した英国」(http://jbpress.ismedia.jp/articles/-/39113) に加筆修正したもの

第三部

国家の羅針盤

第一章　阿修羅のごとく

七番目の活断層

　今、私たちは世界秩序の変化の真っ只中に投げ出されようとしています。

　世界史において、一六四八年（ウェストファリア）、一七一三年（ユトレヒト）、一八一五年（ウィーン）、一九一九年（ベルサイユ）、一九四五年（第二次世界大戦の終結）、一九八九年（冷戦の終結）が世界秩序の変化の活断層であったとするならば、私たちは改めて大きな活断層をこれから飛び越えようとしているのです。

　火山の大噴火の直前には、断続的に起きるいくつもの小規模な地震や、地下のマグマの活発な動きが見られるように、現在の国際秩序にも、多くのテロやいくつもの紛争、小規模な戦争が無数の亀裂を生じさせています。私たちは一歩でも間違えば、奈落の底につき落とされる危険に直面しているのです。

　それはウェストファリア体制とそれを突き崩そうとする者たちの緊張をはらんだ綱引きといってもよいでしょう。技術進化を背景とするグローバリゼーションによるパワーの拡散と、西から東へと向かう大きなパワー・シフトによって、その緊張は一段と波乱含みになっています。

グローバリゼーションと技術の高度化は、パワーの格差を逆転させることすらあるのです。アラブ諸国で起きたアラブの春がソーシャル・メディアを通じて劇的な大衆動員に成功し、それまでの権威主義体制を崩壊させたことは顕著な例です。ダーイシュのような新たな疑似国家テロ組織などの非国家主体も、小国をはるかに凌駕するパワーを獲得しつつあります。個人とてクラッカーのようにサイバー空間における優位を通じて、国家や大企業に対して破壊的な損害を与えることができるようになっています。このようなパワーの拡散による挑戦の中で、伝統的な主権国家は日毎にその力を相対的に低下させているのです。

同時に、国際政治におけるパワーの西から東への移動も、国際秩序にとって甚大な影響を与えつつあります。イタリア出身の国際政治学者A・F・K・オーガンスキーは、その著書『ワールド・ポリティックス』（一九五八年）の中で、新興の大国が支配的な大国と肩を並べるレベルに達すると、両方の側において戦争開始のインセンティブが生まれることについて、パワー・シフトの理論を提示しました。

オーガンスキーによれば、支配的な大国は地位を奪われる前に新興の大国を壊滅させようと試みる一方で、新興の大国は完全かつ永久的に支配的な大国の覇権的パワーの行使を排除しようと努めることから、その結果として、戦争が起きるというわけです。前者の場合には予防戦争を、後者の場合には機会主義的戦争を誘引するわけです。

パワー・シフト理論の最も代表的な事例は、トゥキディデスの『歴史』にある、ギリシャのスパルタとアテネをめぐる興亡です。勢力が拡大したアテネに対してスパルタが警戒心を強め、最終的に両者の間で戦争が起きた例です。ローマとカルタゴの間で起きたポエニ戦争の原因が、ローマの強大化を見たカルタゴの恐怖にあったことも有名な事例です。

国際政治学者ロバート・ギルピンも、「システムの不均衡を平和的な調整を通じて危機を解決することは可能かもしれないが、歴史を通じて変化の主要なメカニズムは戦争であった。すなわち、わたしたちが呼ぶところの覇権戦争であった」と言います。[1]

実際に、三十年戦争は、ウェストファリア体制化でのフランスの絶対王政国家の隆盛をもたらしました。そして、スペイン継承戦争後のユトレヒト体制とナポレオン戦争後のウィーン体制は、結果的に英国が大英帝国となる重要な変化をもたらしました。アジアでも二度にわたるアヘン戦争を通じて、中国の華夷秩序が、最初はヨーロッパ列強によって、日清戦争以降は日本によって深刻な変容を余儀なくさせられました。

すでに中国やインドなどの新興国の国民総生産の総和は世界の半分以上を占めており、日本や米国などの先進民主主義国のシェアは毎年のように低下しています。中国の台頭はその象徴的な例です。二〇二〇年代のいずれかの時点には、中国のGDPが米国を上回ることが予想されています。

東シナ海から南シナ海へと続く海洋に対する、「九段線」に基づく中国による領有権主張とさまざまな既成事実化行動は、国際貿易の大動脈であるこの海域における航海の自由や飛行の自由に著しい影響を与えはじめています。地域の軍事バランスにおいても、第一列島線から第二列島線にかけて、近未来に中国がその接近阻止・領域拒否（A2／AD）能力を各段に向上させて、実質的にこれらの海域を中国の「マーレ・ノストルム」（自らの海）へとしていくおそれがでてきています。

国家関係の流動化と国家対非国家

こうした変化の結果、共通の規範に基づく主権国家間の関係も流動化し、他国の動きをもはや確信をもって予測することができなくなっているのです。当然、このような変動の中で、国家は既存の同盟関係の強化や、新たなパートナーとの関係を構築しようとします。

ロシアは、自らが勢力圏とみなす周辺国が欧米へと近づこうとする動きの一つひとつに敏感に反応し、ロシアの周辺地域で自らの権益を守り抜こうとしています。こうした動きも、ロシアから見た安全保障上の恐怖感の現れです。それは、周辺の国家から見ればあからさまな主権侵害であるにせよ、ロシアにとっては自らの勢力圏を守る上で欠くことができない行動なのでしょう。

国家のサバイバルにかかわる不安や恐怖の中では、北朝鮮のごとく国家はその門を固く閉ざし、体制を維持するために一層強硬な姿勢を強めるかもしれません。一方、米国のような覇権国においても、すでにオバマ大統領が世界の警察官としての役割を放棄すると述べているように、世界のあらゆる戦線から一時的に撤退を行うことも現実的な選択肢となるでしょう。

そして、覇権国に見放されるおそれがあれば、地域の中小国はお互いに関係を強めることで生存を追求しようとします。たとえば、イランと国際社会が核問題での合意に向かえば、自らの利害を守るために、アラブ地域のアクターは独自の動きを強めようとします。

スンニ派諸国による反体制派、それも過激なイスラム主義勢力への支援が強まる中で、シリアのアサド体制とヒズボッラーは、生き残りのために戦略的な提携を深めています。核合意を受けてイランと欧米諸国のデタントが進む中で、サウジアラビアなどのスンニ派の国家群も湾岸協力会議を中心に軍事同盟を強化し、さらにアラブ合同軍の創設に踏み切っています。アジアにおいても、法の支配をものともしない中国の積極的な海洋進出を前にして、地域諸国の連携と事実上の同盟関係が次第に強化されつつあります。領土紛争の当事者であるフィリピンとベトナムの兵士たちが南シナ海の孤島で相互交流を深めるのも、当然のことなのです。

国家の力が極端に脆弱化した地域では、無法状態の下で非国家主体が勢力を伸張させています。イラク、シリアを中心としてダーイシュが、リビアにおいてはアンサール・シャリーアが、イエメンにおいてはフーシ派が台頭し、国家権力の不在や極端な弱体化をほしいままにして、プレモダンな剝き出しの力を現出させています。

一方、シリアにおいては、ダーイシュやヌスラ戦線といった過激なイスラム主義勢力に加えて、よりローカルなアイデンティティの強い様々なイスラム主義武装勢力、世俗武装勢力である自由シリア軍、そして民族自治を追求するクルドが、アサド政権との間で三つ巴、いや四つ巴、五つ巴の戦いを演じ続けています。そこでは無数の非国家主体が台頭し、国家が一部の領域しか支配できず、各々が生き残りをかけて血みどろの戦いを続けているのです。

さらに、シリアでは、今やトルコやイラン、ヨルダン、レバノンといった地域諸国、そして、米国やロシア、英国、フランスといった主要諸国まで巻き込み、シリア国内の紛争であったものが、今や地域諸国による代理戦争へと発展し、主要国間の軍事的緊張までもたらしています。国家が統治の正統性を回復し、国民としての一体性を再生するためには、それぞれの国民との間で新たな社会契約が必要とされます。しかし、シリアやイラクにおいては、そもそも異なる宗派や民族との間での国民和解を行わなければ、国家と国民の社会契約すら成り立ちえないのです。こうした複雑な問題がある以上、拡大された内戦が容易に終結することはありません。

野獣の牙、抑止力、ソフト・パワー

このような極度の混乱の中で、国際秩序を再構築するためには、プレモダンの嵐の中では一にも二にも国家がその力を取り戻す必要があります。同時に、モダンな津波が秩序を流動化させている場合には、共通の規範の創造をつねに求めつづける粘り強い作業がリヴァイアサン（主権国家）の間で必要不可欠となるでしょう。そのような試みなしでは、国際秩序は、異なる価値と正義を求める国家群や非国家主体によってバラバラにされていくおそれさえあります。この点で、私たちには、「二一世紀のウェストファリア秩序」を再構築することが求められているのです。

すでにプレモダン、モダン、ポストモダンと世界の様相が三つに異なっていることについて述べましたが、現在の世界は、これら三つの明らかに異なる層が重層的に組み合わさりながら、国際秩序を奈落の底に引きずり込もうとしています。そうであるならば、私たちは、これら三つの世界に異なる顔面をもってあたる必要があります。三面六臂の阿修羅のごとく、秩序と正義を守る護法のために、異なる形相の三相の世界にそれぞれ睨みをきかせねばなりません。

すなわち、ダーイシュのようなプレモダンな魑魅魍魎に対しては情け容赦のない野獣の牙をもって恫喝すべきです。一方、法をものともしない弱肉強食なモダンな国家群に対しては抑止力と勢力均衡というウェストファリア秩序を支える力学と原則をもってあたる必要があります。そして、ポストモダンな挑戦に対しては、制度の深化と価値の普遍化を目指し、より洗練されたソフト・パワーをもって、ありうべき秩序を構想すべきです。[2]

阿修羅は、古代インドにおいてはアスラとして知られる一群の神々の総称でした。アスラの代表的な神はヴァルナで、自然界の法則や人間社会の秩序、正義を司る神でした。また、アスラの中には、モンスーンの力を神格化したルドラという荒々しい神もいました。アスラは、悪を憎むが、罪を悔いる者にはやさしく、また、礼拝する者には霊薬を与え、恩恵を施す神々です。

仏教の物語においては、力を象徴する帝釈天と正義を象徴する阿修羅が戦いを続けました。帝釈天との戦いに阿修羅は負けますが、その娘は帝釈天の妻となったのです。帝釈天と阿修羅の戦いがこの世の秩序構築をめぐる象徴的なメタファーだとすれば、力の裏付けのない秩序は直ちに無秩序に堕落せざるをえないでしょうし、正義のない秩序もつねに革命勢力によって脅かされることになるでしょう。

今、私たちは、阿修羅のごとく、底が抜けんばかりの国際秩序を回復するために真剣な戦いをはじめねばなりません。

第二章　地図を描く

チャーチルのマップ・ルーム

それでは、このような世界の混乱を前にして、私たちが最初に行うべきことは何でしょうか。多くの人々は動顚(どうてん)し、騒ぎ立てるでしょう。そして、意味をなさない言葉を叫ぶのでしょうか。あるいは、自らの世界に籠り外に出ることさえ厭うことになるのでしょうか。

そのいずれでもない、指導者に求められる行為とは何でしょうか。

それは地図をつくることです。

地図をつくることとは、世界を把握することに他なりません。地図を日毎つくるという作業そのものが、世界で生起する事象を遅滞なく把握し、その意味することを咀嚼(そしゃく)した上で、絶え間なく生起する事象に応じて、国民に指示を矢継ぎ早に出していくことと同意義なのです。だからこそ、マップ・ルームという言葉が戦闘を指揮する最高司令官の本部の名前となることに不思議はありません。

「マップ・ルーム」と呼ばれる部屋こそが、第二次世界大戦を通じて彼の指揮所となりました。

英国軍の参謀本部と直結するその部屋が、戦時中の国家の運命を左右したのです。その部屋の片隅には、フランクリン・ルーズベルト米国大統領といつ何時でも電話ができる小部屋が、その隣には閣議を開催できるキャビネット・ウォー・ルームがありました。

今でも、その部屋は、ロンドンの中心、英国国会議事堂からほど近い財務省の建物の地下にあります。部屋のすべての壁には、米英軍を中心とする連合軍の艦船が展開するありとあらゆる地図や、刻々と変化する前線の状況を示すグラフで埋めつくされています。

五年以上にわたって戦闘を自ら陣頭で指揮したその人物は、自らの寝室の壁にまで地図を張り巡らせ、世界で起きる戦闘を指揮したのです。第二次世界大戦において、ヒットラー率いるナチス・ドイツと対峙したチャーチル首相が、このマップ・ルームの主人でした。

戦争期間中を通じて、チャーチルがロンドンにいる限りは、マップ・ルームで過ごさない日は一日たりとてなかったといいます。つねに四〇人から五〇人ほどが勤務したマップ・ルームは、当時、世界で最も多くの新しい色つきの地図を、毎日のように量産し続けた場所でした。

マップ・ルームの地図上には、英米の戦艦や商船などが、特別の色と記号で表されました。英国には赤色、フランスは茶色、オランダには黄色、スイスには十字の黄色、ドイツには白色が使われました。チャーチルの寝室の主たる地図には、とりわけ沿岸線の防衛状況が克明に記されました。

このマップ・ルームを統括したのはベテラン海軍将校であったリチャード・ピム大佐でした。ピム大佐は五年の長きにわたって、チャーチルの傍からほとんど離れることがありませんでした。チャーチル首相が外国に出かける際にも、ピム大佐はチャーチルのために簡易式の移動用マップ・ルームを設置する任務を担いました。

実はチャーチルの個人秘書であったエリザベス・ネルでさえ、マップ・ルームで働くピム大佐たちのことを羨んでいました。彼女の言葉を借りるならば、彼らこそが文字通り世界で「起きているあらゆることに精通し、それに参画していた」からでした。だからこそ、この戦争の中心においてマップ・ルームで働く男たちは、「魅惑と成功を体から滲ませていた」のです。[3]

チャーチルの地図への愛着を、おそらくアメリカ人もわかっていたのでしょう。

一九四二年一二月二三日、戦後に米国務長官となり、マーシャル・プランで名前が知られることになるジョージ・マーシャル米国陸軍参謀総長より、巨大なクリスマス・プレゼントがチャーチルに贈られました。それは、地球の一〇〇〇万分の一のサイズに精巧に作られた、直径五〇インチ、重さ五〇〇ポンドもする巨大な地球儀でした。地球儀に添えられたマーシャル参謀総長からの手紙には次のように書かれていました。

親愛なるチャーチル殿
私たちに感謝の気持ちを思い起こさせるクリスマスの季節がまためぐってきました。一年ほど前にあなたとあなたの参謀長たちと私たちがお会いした際以来、続いていた何週もの暗い時期に比べ、ようやく空はずいぶんと晴れ渡るようになりました。
勝利への道に向かって、十字軍の偉大な指導者たちが、勝利の道によりよく進まれるよう、米国軍部は直径五〇インチの地球儀二台をクリスマスのプレゼントとして貴首相と米国大統領のために特別にあつらえさせることとしました。

私どもとしては、貴閣下がダウニング・ストリート一〇番地にこの地球儀の置き場所を見つけられんことを期待しております。さすれば、貴閣下が世界を恐怖と奴隷化から救うため、一九四三年の世界大の戦いの進展を正確に描くことができるようになりましょう。

大いなる尊敬の念をこめて

当時、五〇人におよぶ地図作製にかかわるOSS（後のCIA）、すなわち戦略作戦局の地理部門の専門家たちが、この地球儀の作製にあたりました。この地球儀は、当時の最大かつ最新の知見を集めた作品でした。

国民自身が世界大戦の主人公

チャーチルが眺めた巨大な地球儀と同一の地球儀が、フランクリン・ルーズベルト米国大統領の執務するホワイト・ハウスにおかれたことはいうまでもありません。

今では、その地球儀はニューヨークのルーズベルト大統領図書館に、そして、チャーチルに贈られた地球儀は、チャーチルの邸宅のあった英国ケント州チャートウェルの別荘に、チャーチルの描いた油絵の数々とともにひっそりと保存されています。そして、当時のマーシャル参謀総長とスティムソン陸軍長官のためにもうひとつ作られた三つめの同じ地球儀は、今でも米国国防長官室に設置されているといいます。
たしかに一九四二年は米国にとって受難の年でした。前年一二月七日（米国時間）の真珠湾への奇襲攻撃に始まる太平洋戦争の幕開けは、ナチス・ドイツとの戦いから真に世界大の戦争への拡大を意味したのです。日本という敵との遠い距離がもはや米国の安全を保障してくれるわけではないことを、ルーズベルト大統領は次のように語っています。

私たちは学んだのです。海に囲まれたわたしたちの領域は、激烈な攻撃からもはや守られているわけではないことを。私たちは、もはやいかなる地図の上であろうと、地図上の距離に応じて、私たち自身の安全の程度を計れるわけではないのだから。（真珠湾攻撃から二日後の一九四一年一二月九日のルーズベルト大統領の言葉）

そして、米国政府は、その国民にも世界で起きつつある戦いの相貌について正確に知らしめる必要性に駆られました。真珠湾攻撃から三ヵ月後の二月二三日には、フランクリン・ルーズベルト大統領自らが、「炉辺談話」として知られることになる全国へのラジオ放送において、米国民に世界地図を取り出して一緒についてくるように呼びかけました。

現在の偉大な戦闘から私たちは日毎学んでいます。世界のいかなる場所における人の自由や、財産の安全は、世界のあらゆる場所における権利の安全確保や、自由と正義の義務にかかっていることを。**この戦争は、新しい種類の戦争なのです。過去のいずれの戦争とも異なるのです。その方法や兵器ばかりではなく、その地理においても異なるのです。この戦争は、世界の、あらゆる大陸、あらゆる島々、あらゆる海、あらゆる空域における戦いなのです。だからこそ、わたしは、皆さんにすべての地球の地図を広げて、わたしとともに、世界を包みこもうとしている戦闘線を見つめていただきたいのです。**[4]

この国民への呼びかけにおいて、国民に地図を見るように促すことによって、ルーズベルト大統領は、米国国民自身が世界全体に拡がる戦いの主人公となっていることを、あらためて思い起こさせようとしたのです。この点に関して、ルーズベルトは、「私たちに課せられた仕事が、世界の隅々にいたる遠い地域において戦うことにあるという厳しい事実を、私たち皆が理解し直面する必要があるのです」とコメントしています。

戦時においては、地図への執心は、戦争を指揮する最高指揮官の関心にとどまらず、民主国家ではすべての国民と共有されてはじめて、真に有意味なものとなります。このことを、誰よりもルーズベルト大統領と米国政府はよく理解していました。

マッピングすることが戦い

ちょうど同じ頃に、一人のアメリカ人の地政学者もルーズベルト大統領と同じことを考えていました。イェール大学のニコラス・スパイクマン教授は、一九四二年の秋にアメリカの安全保障問題について講演し、ヨーロッパとアジアのリムランド（戦略的重要地域）を誰がコントロールするかがアメリカの安全保障を左右することを指摘し、これらの地域がアメリカにとって敵対的な国家の手中に落ちれば、敵対国による包囲網によってアメリカの安全保障が根底から脅かされることに注意を促したのです。

この講演内容を後にまとめた『平和の地政学』において、スパイクマンは次のように語っています。

世界戦争と世界平和というのは、全ての前線と全ての地域がお互いに関係し合っていることを意味している。**二つの場所がいかに離れていようとも、そこでの成功や失敗は他の場所にとって直接的な影響を与えることになる。したがって、世界をひとつの総体としてとらえ、すべての場所の状況を見ながら勝利を達成する行動をとることが必要になってくる。**たしかにヨーロッパと極東は独立した地域のように見えるが、それでも作戦が行われる大きな舞台の中のたった一部分なのだ。よって戦争の大戦略は、このような世界のパワーの中心地と密接な関係を持っているものとして分析されなければならない。[5]

今こそ、私たちはこの世のいずこにおいて戦いが繰り広げられているのか、両方の眼を見開いて、正確に見極める必要があります。七〇年以上前に繰り広げられた世界大の戦いは、今では、サイバー空間から宇宙空間にいたるまで、さらに広大な空間に拡がりつつあるからです。

私たちが最初にとりかかるべき仕事は、世界で起きているものごとの一つひとつを、毎日、毎時、毎分、毎秒と刻々と変わり続けるその姿を、誰もがわかる言葉で、正確にマッピングすることなのです。この地味で気苦労の多い営為なくしては、いかなるリーダーも戦いを指揮することはできないでしょう。

なぜなら、マッピングをすること自体が、今では戦いそのものだからです。たとえば、海上での戦闘におけるイージス艦はその最たるものです。あらゆる事態の把握とそれへの対応までが自動的にプログラムされたネットワーク・セントリックな自動制御システムこそ、イージス・システムの核心にあります。すなわち、イージス・システムによる防衛とは、事態を把握した時には、すでに対応が行われている最先端のシステムなのです。

かつてのように幕僚が集う指揮所に、現場の事態が伝達され、指揮官からの指示が現場に伝えられるという古典的で優雅な時の流れは、もはや存在しません。米国海軍において「インテリジェンスが作戦を指揮する」と言われるのは、現代の究極の戦いにおいては、もはやインテリジェンスの重みが作戦そのものと同義語になってしまっていることをいみじくも物語っています。

だからこそ、私たちの行動を促すインテリジェンスを生み出すための最初の仕事は、この世のすべての戦争のありようを正確にマッピングすることからはじめねばならないでしょう。国家が実存的な危機に直面する時、世界のインテリジェンスを求めるのは至極当然な行為なのですから。

第三章　新たなビヒモスとの戦い

サイクス・ピコの終焉

私たちが最初に目を向けるべきなのは、国際秩序の礎を根底から破壊しようとしているプレモダンな脅威であるべきです。この点で、残念ながら私たちにはいかなる選択肢もありません。なぜなら、プレモダンな脅威は、この国際秩序にとって実存的な脅威だからです。主権国家からなる国際秩序というシステムが崩壊する場合には、いかなる国家であれ、いずこの国民であろうと、ウェストファリア以前にあった、流血が永遠に続く、底なしの戦いの極限まで一挙に連れ戻されるのです。[6]

すでに見たように、その懸念は中東のいくつもの国々において現実になっています。イスラム教徒が多く住むヨーロッパやアジアでも、その余波は終わりのないテロという形でもはや無視できないほどになっています。過激なイデオロギーの波及は、インターネットとソーシャル・メディアの発達により、地球上のあらゆる場所に及んでいます。もはや距離の遠近は、邪悪なイデオロギーから私たちを守ってくれることはないのです。

主権国家からなる国際秩序を直接脅かすイデオロギーに対しては、いかなる国家であっても、脅威の遠近にかかわらず戦略的に対応せざるを得ないのです。いわんや国際社会に主要国として重きをなす意図と能力がある日本のような国家においては、そのような脅威を取り除くための責任を回避することはできません。

トマス・ホッブズは、その人生の終わりにかけて、一七世紀前半のイギリスの宗教改革の嵐を振り返り、チャールズ一世を死に至らしめることでイギリス国家（王政）を破壊した、プロテスタント長老派やカトリック教徒などのプレモダンなさまざまな力の鬩（せめ）ぎ合いを、その著書『ビヒモス』の中で克明に描きました。

今また私たちは、ダーイシュのような情け容赦のない、新たなビヒモスを前にしています。この新たなビヒモスは、現代の主権国家を食い散らかそうと牙を研いでいるのです。私たちはそのような獰猛さを直視せねばなりません。

それでは私たちは、この怪物といかに戦えばよいのでしょうか。そして、中東に新たな秩序を取り戻すためには何をすべきなのでしょうか。

ダーイシュの暴力と野蛮さは、現在、新しい戦争を引き起こしている者たちの中でも極限に位置づけられます。斬首や火刑といった極度の残虐性が、誰もの目を引きます。しかし、ダーイシュが他の秩序破壊者と決定的に異なっているのは、その残虐性ではありません。

彼らの特異性は、七世紀初期のイスラムが目指した、コーランに明示されたカリフ制に基づく宗教共同体を指向していることにあります。それは、一七世紀以降、年月をかけて国際社会が当然として受け入れてきたウェストファリア体制という国際秩序そのものを根底から否定しています。

二〇一四年六月末に公開されたダーイシュによる「サイクス・ピコの終焉」と題されたビデオの中で、アブ・サフィーヤと名乗るチリ人の若い戦闘員が、「もはや国籍はない。われわれはすべてムスリムなのだ。一つの国のみがある。……すべてのエミレーツ（領邦）、グループ、国家、組織は、カリフの権威の拡大とその兵士たちの地域への到着とともに無効となる」と叫びました。彼らが、すべての国々の旗を「カーフィル」（異端者）として焼き捨てるのは、彼らのウンマ（共同体）に対する強い幻想なのです。

これらのイスラム主義者[7]が夢想するウンマ＝イスラム国家は、きわめて排他的な世界です。彼らの世界においては、主権国家が並立し、国際秩序がその国家間の相互関係によって構築されることはけっしてありません。

過激なイスラム主義者たちは、「平和の家」（ダール・アル・サラーム）と呼ぶ真のイスラム教徒からなる自らのウンマ以外の世界をけっして認めません。それ以外の世界は、「戦争の家」（ダール・アル・ハルブ）とされ、イスラム教徒によるジハードにより消滅されねばならないからです。この点で、ダーイシュの主張を私たちが受け入れることは根本的に不可能です。なぜなら、こうしたイデオロギーは、現在の国際秩序すべてを敵にまわし、その痕跡すらも抹消することを目論んでいるからです。

また、歴史的にも、そのようなイスラム主義者が奉じる架空のイスラムの理念に忠実なイスラム国家は存在したことがありません。たとえば、カリフを戴（いただ）いたオスマン帝国も、一九世紀以降、ウェストファリア体制の中で事実上、主権国家としてふるまうことを余儀なくされたことを指摘するだけでも十分でしょう。

狂信者しか生き残れないディストピア

この点で、ダーイシュは、すでに存在する主権国家内において政権転覆を狙うエジプトのムスリム同胞団やアフガニスタンのタリバンのような組織とは根本的に異なっているわけです。ムスリム同胞団やタリバンが、国際秩序の単位となっている主権国家を通じて権力を奪取しようとするのに対し、ダーイシュはけっしてこのような主権国家を認めないからです。

ダーイシュが出版する雑誌「ダービク」七号は、「グレーゾーンの消滅」という文章を掲げています。すなわち、人は「十字軍」側か、イスラム側かいずれかにつくしかなく、その間のグレーゾーンはもはや消滅しつつあるという主張です。ドイツの政治学者カール・シュミットが、政治の本質は敵と味方の二項対立を作ることにあると指摘したように、ダーイシュによる世界の二分化戦略の巧妙さを物語っています。

過激なイスラム主義者は、異端と考えられるすべてのものをカーフィルとして敵に分類し、異端者をジハードによって殲滅すべしとする、イスラム教徒を扇動する論理を赤裸々に主張しています。これは、いわゆる異端宣言＝「タクフィール」として知られている手法です。

イスラム主義者は、相手を不信心者と決めつけることで、自らをイスラムの理念の正統な担い手として、イスラムという宗教をわが物のごとく独占します。こうして敵を次から次に作り出すことにより、イスラム主義者の幻想の世界で、彼らはより結束し、新たな信者のリクルートを行う上で最も好都合な環境を整えているのです。

ダーイシュが志向する世界の終末においては、彼らのような狂信者のみが生き残ることになります。そこでは近代的な思考を有する者たちはすべて抹殺されねばなりません。それはユートピア（理想郷）と真逆のディストピア（暗黒郷）なのです。

結局、ダーイシュに象徴される過激なイスラム主義者の思想を認めれば、主権国家からなる国際秩序が破綻するばかりではなく、自由や民主主義という普遍的な価値のすべてが奪い取られることになるでしょう。

だからこそ、主権国家からなるウェストファリア秩序そのものを破壊しようという彼らの試みは、けっして許容されないのです。この点で、ダーイシュが一六世紀以前のプレモダンな世界に我々を引き戻そうとしている以上、私たちは、否応なくそのイデオロギーと真剣に戦わざるをえません。[8]

これまでの対テロ戦争においては、アルカーイダが国際社会にとって実存的脅威か否かが議論の的となってきました。なぜなら、「アルカーイダは、核ミサイルを有する旧ソ連のような地球すべての人類を破滅させるほどの脅威ではないのではないか」という問いへの答えが、曖昧にならざるをえなかったからです。一方、ダーイシュによる私たちへの挑戦は、実存的脅威か否かということ以上に、現在の国際秩序を脅かすか否かという問いなのです。

現在の中国やロシアの不法な行動が、我々をせいぜい一九世紀のモダニティへ引き戻すだけなのに対して、ダーイシュがつきつけている脅威の本質は、プレモダンという想像された虚構の歴史への後退なのです。その意味で、現在の中東での混乱が、ヨーロッパの三十年戦争と近似しているのは何ら不思議ではありません。そこでは、多くの未完の国家と真なる宗教を装う過激なイデオロギーが、壮絶な戦いを繰り広げているからです。

『ビヒモス』の中でトマス・ホッブズは、聖書の自由な解釈権を得たキリスト教長老派の過激な主張が、国家を崩壊させていくプロセスを次のように喝破しています。

つまり、神の言葉が彼らの行動を支持すると主張したことは間違いない。聖書に反する、**つまり神の命令に反する何事かを命じたと言い張って、臣民がその王に抵抗することが、そして聖書の意味の判定者になることが正当となるならば、どのような王の命も、またどのようなキリスト教王国の平和も、長く安泰であることは不可能だ。**「人よりは神に従えという」この教えこそが、一つの王国をその内で分裂させる。その王国の人々が忠誠者か反逆者かどちらになるにせよ、彼らはその「人よりは神に従えという」教えを公然と書き、または説教するからだ。

ダーイシュのような過激なイスラム主義者が惹起する問題は、一七世紀半ばに英国が直面した危機と本質的に同一なのです。現代においても、コーランの自由な解釈権を得たサラフィー・ジハード主義者の過激な言説と暴力の前に、多くの国々の秩序が崩壊の危機に直面しています。もし、ダーイシュが世界を席巻するようなことになれば、わたしたちの築き上げてきた近代以降の国際秩序は一挙に崩壊せざるをえないでしょう。現在、六〇ヵ国を超える国々がダーイシュを殲滅するために共同行動をとっている根源的な理由はここにあります。

モダニティへの逆襲

ダーイシュがわかりにくいのは、このようなアンチ近代主義の立場をとっているにもかかわらず、ダーイシュが採用している戦術がきわめてポストモダンだからです。この点については、ダーイシュに対するコアリションを代表する米国海兵隊のジョン・ダレス将軍が次のように指摘していることは示唆的です。

このように反近代的な力であるダーイシュが、近代的な多文化世界にいる青年が抱えるある不安について正確に理解していることは、ひどく皮肉なことです。**ダーイシュは、多くの若者がそれぞれの共同体において感じている根なし草的な感覚や引き離された感覚を搾取することに長けているのです。**

西欧におけるマイノリティの共同体であれ、アラブ社会や東南アジア社会であれ、社会における孤立感や他者感覚が存在し、多くの人々にとって圧倒的な力をもっているのです。これらの青年たちと、メインストリームないしマジョリティの文化と定義されるものとの間に距離があるのです。青年たちがスマートフォンを通じて見ている機会と、実際に彼らに与えられるものとに差があるのです。これらの青年たちと本当のイスラム信仰の深さや豊かさの間にも距離感が存在します。

私たちは、このような距離感や不安を搾取する行為から子どもたちを守らねばなりません。（ブルッキングズ研究所主催「米国とイスラム世界の対話」二〇一五年六月三日）

この説明は、ダーイシュが提示する問題性が、いわばプレモダニティとポストモダニティによるモダニティへの逆襲にあることを明らかにしています。

二〇一五年一月にパリで起きたシャルリー・エブド襲撃事件は、この問題性を赤裸々に示しました。

このテロ事件の三人の容疑者であるクアシ兄弟とアメディ・クリバリのいずれもが、もともとパリの郊外に住むアルジェリア系フランス人兄弟であり、マリ系フランス人青年であったことは、フランス社会におけるマイノリティの疎外感と喪失感を象徴しています。ダーイシュに参加する多くの青年が、それぞれの住む国家と社会から、その底辺と周辺部に追いやられ、結局、排除された人々から成り立っているのです。

この点で、往々にしてポストモダニティへと向かう市民社会を信奉する人々までが、プレモダンなイスラム主義の罠に容易に絡めとられることがあるわけです。それはイスラム主義とイスラムを区別することができない無知のなせる業にしかすぎないとはいえ、深刻な誤解と言わざるを得ません。

ダーイシュは彼らの確信的戦略に基づいて、「イスラム国」という自称をふりかざしています。しかし、ダーイシュは近現代の主権国家にはけっしてなりようもありません。主権国家において生活を全うするイスラム教徒を前提とすれば、イスラム教徒が住んでいる土地すべてを「イスラム国」のものと勝手に主張すること自体、現代の国際秩序の中では荒唐無稽としかいいようがないからです。

ダーイシュの問題は、七世紀に預言者ムハンマドを通じて啓示されたコーランに従って、イスラムに基づく宗教上の国家（ウェストファリア体制における近代の主権国家ではなく）を、カリフ制を中心に樹立することを主張していることにあります。このような主張は、イスラム史上、一見正当な主張にも見えますが、一方でそのようなイスラムに原理原則が忠実な国家が樹立されたことは、七世紀初期のアラビア半島の狭い地域における短期間を除くならば、歴史的にも疑わしいものなのです。

この意味において、ダーイシュが希求するサラフィー主義の主張は、そもそも最初から幻想に満ちた政治的なスローガンとは言えても、歴史的な実態とはかけ離れたものです。

ジハード主義「封じ込め戦略」

ダーイシュとの戦いが、主権国家からなる国際システムそのものを守る戦いであることを改めて認識する必要があります。同時に、過激なイスラム主義との戦いの最前線は、実は暴力との戦いではなく、その政治的なイデオロギーとの戦いにあることを認める必要があります。「イスラム主義」と「イスラム」を峻別することこそが、この戦いの始まりとなるでしょう。イスラム主義とは、イスラムを政治目的のために狡猾に搾取する政治的イデオロギーなのです。

かつてフランスの思想家ミッシェル・フーコーが指摘したように、「イスラム主義はイスラムではない」と明言するべきなのです。なぜなら、このように宣言することによって初めて、私たちの戦いが本当の意味を獲得するからです。この認識的な決意のみが、ダーイシュのような過激なジハード主義のイデオロギーとの戦いの狼煙となるでしょう。

イスラム主義に対する私たち自身の認識を根本から問い直していくことが重要な一歩にならねばなりません。ボードレールが言う「悪魔の策略の中で最も見事なのは、悪魔は存在しないと信じ込ませることだ」(『パリの憂愁』)と同様の戦略をとるイスラム主義に対しては、イスラム主義の意図的なイデオロギーを、イスラムという普遍的な宗教のベールからあぶり出してやることが必要なのです。

もっとも、イスラムから生まれたイスラム主義を分析の対象として抽出することは、社会科学上も、あるいは政治的にも、やっかいな作業です。とりわけムスリムの立場からは、十分に批判的な立場をとりにくいでしょう。なぜなら、イスラム主義はイスラムという宗教のコンテキストを狡猾に活用しているからこそ、敬虔なムスリムにとっては混乱を惹起することになるからです。

このような意味で、現代のテロとの戦いが「観念の戦争」(A War of Ideas) であるということは、正しい指摘なのです。観念のレベルでのエンゲージメントをせずに、ダーイシュの過激な暴力を、一時的な武力行使によって防いでも、次から次へと新たなリクルートが行われうるのです。しかし、観念の戦争に打ち勝てば、「イスラム国」に対する真の免疫力をわたしたちは獲得することになるでしょう。万が一、観念の戦いを経ずに、現在のイスラム主義の思想潮流との対立を避けようとするならば、これは長期的には不幸な事態を招きかねません。なぜなら、観念の戦いを経ていない安易な相対主義や多文化主義は、真の対話のない、人間の関係性を一切排除した空虚なコミュニティしか作りえないからです。

私たちは、ダーイシュをはじめとする過激なサラフィー・ジハード主義のイデオロギーに対する本格的な封じ込め戦略をとる必要があります。

冷戦初期においてソ連の行動に対抗するための封じ込め戦略を提唱するX論文を書いたジョージ・ケナンの言葉にならうならば、それは「過激なイスラム主義者の拡張主義に対する、長期にわたる、辛抱強い、しかも強固で注意深い封じ込めでなければならない」のです。そして、このような政策は、「外面的な強硬さを見せつけることとは何ら関係ないもの」になるでしょう。

なぜなら、このような政策には、イスラムとイスラム主義を区別しにくいイスラム教徒に対して、きわめて慎重な配慮が必要となるからです。わたしたちは、イスラム教徒の認識的困難さを解消するためにも、ダーイシュが主張するイスラム主義はイスラムとは異なることを、つねに指摘していく必要があります。サラフィー・ジハード主義者の言説を脱構築していくことを戦略の根幹に据えねばなりません。

過激なイスラム主義を根絶できなければ、ダーイシュのような過激な怪物が、今後もいくつも生まれるおそれがあるのです。そして、国民国家システムが成熟しなければ、過激な怪物たちは混乱を自らのエネルギー源とし、秩序は乱れ続けるでしょう。

イスラム主義は未完の国民国家にとりつく疫病です。

この点を理解するには、日本の国際政治学者、永井陽之助が指摘した「疫学メタファー」が有益です。永井陽之助は、かつて冷戦の起源を分析する際に、後にX論文として知られるケナンが国務省に宛てた電文について、「疫学メタファー」の性格を有していると喝破しました。[9] 共産主義という病原菌の拡大を阻止し、それに対抗するという、永井のいう「疫学メタファー」は、イスラム主義との戦いについてもよくあてはまるのです。

だからこそ、このイスラム主義という疫病との戦いにおいては、感染管理の原則に従うことが最も効果的な戦いとなります。その要諦は感染の連鎖を断ち切ることです。

それは経験豊かな病理学者による感染症に対する戦いを真似たものとなるでしょう。イスラム主義のイデオロギーを検疫し特定した上で、それを隔離し、さらに消毒し、根絶やしにしていくという一連の作業こそが、我々の戦術となります。それは、サラフィー・ジハード主義に対する軍事的な包囲作戦から始まり、経済制裁、学校における教育の改革、拘置所でのイスラム主義者の分離といった複数分野にまたがる堅固な戦略にならねばならないでしょう。

感染が成立するためには、①感染源の存在、②感染経路、③感受性宿主という、いわゆる感染の三要素が必要です。これら感染の三要素のメカニズムは感染の連鎖と呼ばれています。これらの要素の一つまたは複数の部分に働きかけ、感染の連鎖を断ち切ることが感染管理の原則となるわけです。この感染の連鎖を断ち切るためには、①感染源を除去すること、②感染経路を遮断すること、③感受性宿主への対応が求められることになります。

これを私たちの戦いに適用するならば、最初にイスラム主義者を特定し隔離し、第二にイスラム主義者の誤ったメッセージが他のイスラム教徒に伝わることを徹底して防ぎ、第三にイスラム教徒たちが正しいイスラムを理解し、彼らが生きる社会から疎外されない環境を作っていくべきなのです。

未完の国民国家の再構築

混乱の荒れ狂う中東に秩序を再びもたらすためには、過激なイスラム主義を抑え込むのと同時に、未完の国民国家を再構築するという挑戦を回避するわけにはいきません。

現在の中東地域は、第一次世界大戦以降、一〇〇年近く続いてきた秩序を自ら書き換えようとしています。権威主義体制とイスラム主義という、まったく異なる二つの秩序に代わる、万人の要求を満たす新たな統治の術を見つけることができるでしょうか。権威主義的な統治とも、またイスラム主義とも異なるやり方で、民主的かつ公正な政府を樹立し、さまざまな宗派や民族全体の国民和解をふまえつつ、国民国家を形成していけるか否かという問題です。

国際秩序が崩壊しつつあるかに見える中東においても、アラブの春以降の混乱の中で、主権国家の重要性が各国元首の口から改めて強調されはじめています。

「あなたの国は三つのミニ国家に分裂しようとしています。一つは政府によって支配される国家、もう一つはイスラム国とヌスラ戦線による国家、最後により世俗的なスンニ派とクルド人の反体制派による国家の三つです。いかにしてあなたはシリアを元に戻そうとしているのでしょうか」と問う「フォーリン・アフェアーズ」誌の質問に答えるシリアのアサド大統領の次のような言葉は、その代表例です。

最初に、そのイメージは正確ではありません。なぜなら、それらの国家に住んでいる人々について語らずにミニ国家について語ることなどできないからです。……**政治的に国家を支持しているか否かにかかわらず、人々はいまだ（シリア）国家を支持しているからです。**私が言いたいのは、人々はシリア統一を代表するものとして国家を支持しているということです。[10]

国際社会から反体制派を抑圧していると見られているアサド大統領のこの言葉は、一つの明白な真実を語っています。それは、ウェストファリア体制における国家の重みが、内戦（より正確には地域諸国が介入する拡大された代理戦争）の極みにあるシリアだからこそ一層増しているという皮肉な真実です。この言葉の裏に、この地域のいずれの近代国家もたどってきた未完の国家への憧憬とも言える痛々しさを読み取ることもできるでしょう。

しかし、アラブの春以降、これまでのような権威主義的な体制が、若い世代が大多数を占める中東諸国の人々にとって受け入れられる余地は、いかなる意味でもなくなりました。同時に、かつてあった部族主義や宗派主義にのみ依存して生きていけるほど、これらの古い社会的紐帯は、もはや強力ではなくなっています。

権威主義的な中央政府が、石油や天然ガスからの収入などをバラまき、さまざまな部族や宗派を懐柔しつつ、かろうじて近代国家という体裁を維持できた時代は、中東においても終わりを告げたのです。まさにこのために、中東地域は、オスマン帝国消滅以来一〇〇年ぶりに「帝国」亡き後の混乱に改めて直面することとなったのです。

地域覇権と宗派対立が生む混沌

実は、これらの二つの内政の問題に加えて、もう一つ重要な点があります。それは中東地域における地域覇権をめぐって起きている宗派対立の問題です。

イランという地域大国がアラブ諸国、特にシーア派地域において有しているプレゼンスは、サウジアラビアやエジプトを筆頭とするスンニ派のアラブ諸国にとっては大きな脅威です。この結果、イランの影響力のアラブ地域への伸張は、アラブ諸国からの過剰とも言える反発を招いています。このような事態を短絡的にシーア派とスンニ派の対立と誤解する向きも多いのですが、これは本質的には、地域の覇権をめぐる国家間の対立と捉えるべきなのです。そのような国家間の対立が宗派対立を煽ることで、結果として国家間の対立が極端な宗派性を帯びてくるのです。

イランの覇権伸張に対するサウジアラビアやカタールなどの湾岸諸国の猜疑心、より正確にはこれらスンニ派諸恐怖こそが、現在の中東の混乱に拍車をかけていることは間違いありません。

国の過度の不安は、イラクやシリアなどにおいてイスラム主義過激派へのなりふり構わない支援となっています。これに対して、イランやヒズボッラーがアサド政権やシーア派住民への支援を強化することで、その結果として宗派対立が一層激化しているわけです。

中東地域における問題は、ダーイシュに代表されるようなプレモダンな挑戦ばかりではないのです。イラン、トルコといった、サファヴィー朝やオスマン帝国を出自とする地域の「帝国」が、地域覇権をめぐって鋭く対峙しています。そうしたモダンな力の対峙が、地域の古い紐帯であるプレモダンな宗派や民族といった要因を煽り、対抗させ、社会の分裂、そして、アラビア語で言うところの「フィトナ・ターイフィーヤ」(宗派対立による無秩序)へと導いているのです。

さらに留意すべきなのは、今回のイランの核問題合意によって、一九七九年のイランでのイスラム革命以降続いているイランの国際的孤立が徐々に解かれるならば、イランの一層の台頭を促し、結果として地域の覇権をめぐる争いと、ひいては地域の宗派対立が一層激しさを増していくおそれがあることです。ちょうど、一七世紀の三十年戦争が宗派対立からヨーロッパの国家の対峙に至ったごとく、現在の中東の無秩序は、イラン、トルコ、サウジアラビアといった地域の大国をさらに巻き込んでいくことにならざるをえないでしょう。

これらの三つの課題を一つずつ解決すること以外に、中東地域における混乱からの出口は見つからないでしょう。イスラムをめぐる現代の宗教改革の出口には、国民国家を再構築する以外の終着点はありません。実際、アラブの春以降の混乱の極みと見える中でも、依然として国際秩序の底はいまだ抜けてはいません。ダーイシュは、中東地域におけるいくつかの主権国家の弱体化と国際社会による関与の不十分さを衝いて現れた、一時の幻に終わる可能性もあります。

そもそも中東地域においては、第一次世界大戦以降、英仏の影響力の下で形成された中小の主権国家が、一〇〇年近くにわたって国際的な秩序に従った国家形成の努力をまがりなりにも続けてきました。そこではダーイシュが主張するようなカリフ制や、厳格なイスラム法に基づく統治体制ではなく、主権国家を通じた統治が行われてきたことは紛れもない歴史的事実なのです。それは、サイクス・ピコ協定以降、一〇〇年近くも続く中東地域の近現代史そのものです。

イラクやシリアにおいても、宗教や民族といったプレモダンな古い紐帯以上に、これらの近代国家が構築してきたさまざまな政治・経済社会制度の影響力は、私たちが思うほどに弱いわけではありません。また、ユース・バルジとして知られる若年層の相対的な多さは、イスラム主義が付け入る隙になる要因であるとともに、モダニティへの社会全体の適応を容易にしている側面も大きいのです。

中東地域においても、現在の国民国家の枠組み以外に、他の選択肢は残念ながらないのです。だからこそ、国家と社会が崩壊しつつある厳しい状況に直面するシリアにおいてですら、アサド政権の存続の可否とは別に、いかにシリア国家の「インスティテューション」を維持することができるかが、国際社会にとって最大の課題となっているのです。

私たちは、中東地域でも最も古い国民国家であるエジプトや、フランスの保護下において近代性を学んだチュニジアといった諸国で続く、過激なイスラム主義に対する厳しい戦いを、私たち自身の戦いとして下支えするとともに、その行方を注意深く見守っていく必要があります。

第四章　新たなリヴァイアサンとの対峙

習近平の「大国外交」

プレモダンな脅威と同時に私たちに大きな挑戦をつきつけているのは、モダンな「主権国家」、すなわちトマス・ホッブズが想定した「リヴァイアサン」に内在する問題です。

現代のリヴァイアサンの本質的な問題の一つは、いくつかの国家が、ウェストファリア秩序を二重の基準をもって恣意的に解釈している点にあります。

たとえば、人権や民主化などの内政問題に米国が干渉することを内政不干渉の原則に反するとして、ウェストファリアの諸原則に忠実な要求をする一方で、南シナ海での強権的な海洋進出に顕著に見られるように、中国は九段線内の領有権主張に基づいて、フィリピンやベトナムといった周辺諸国の主権を明らかに無視する形で行動してきています。

また、ロシアが米国に求める平等の要求と、ロシアのウクライナやその他の周辺諸国に対する強圧的なふるまいも同様に、ウェストファリア秩序に対する二重の基準に基づくものであり、この点において矛盾が見え隠れするのです。

当然ながら、いくら周辺国との友好を中国やロシアが求めたとしても、これら諸国から見れば、果たしてどれほど忠実にウェストファリアの諸原則を信奉しているのかという猜疑に悩まざるをえません。南シナ海の環礁に対する主権主張を中国に脅かされるフィリピンやベトナム、そしてクリミア半島を合意なくしてロシアに支配されたウクライナから見れば、中国やロシアこそが主権平等や内政不干渉の原則を自ら破っているとしか見えないからです。

この点において、中国やロシアによる近現代のウェストファリア体制へのコミットメントは、深刻な両義性をはらんでいると見ることができます。このような二重の基準がまかり通れば、ウェストファリア秩序そのものが、少しずつ静かに侵食されていくことにならざるをえないでしょう。

それでは、はたして中国やロシアは、西欧近代のシステムである現在の国際秩序に反旗を翻し、既存の国際システムと異なる国際秩序の形成を夢想しているのでしょうか。

二〇一四年一一月末に開催された中国共産党の中央外事工作会議では、現在の世界秩序が変革期にあることを認識した上で、習近平国家主席は、中国の対外政策について、「中国自らの特色のある大国外交がなければならない」と語っています。この会議において、中国の指導者が初めて自らの外交を「大国外交」と正式に位置づけたことはより注目されてよいでしょう。

中国外交の最大の重点は米国との関係にあります。中国は二〇〇九年以降、米国との間で「新型大国関係」の構築を追求しています。その後、二〇一二年および二〇一三年六月に行われた米中首脳会談でも「新型大国関係」について習近平国家主席が言及していることが伝えられています。

中央外事工作会議では、対外政策の重点として、主権、安全保障、発展、さらにウィンウィンの関係が指摘されています。同時に、中国は周辺国との関係も重視するとともに、大国外交の一環として国際関係の民主化、すなわち多極化を推し進めることを目標としていることも明らかになっています。加えて、近年の中国人民解放軍海軍を中心とする積極的な海洋進出に加えて、多弾頭化、移動式、命中精度の向上によって特徴づけられる多数の弾道ミサイルや、イージス・システムによっても防衛することが困難な超音速の対艦巡航ミサイルの配備といった、軍事力の多面的かつ持続的な近代化は、すでに地域の軍事バランスを脅かしつつあります。

このような積極的な対外姿勢と不透明な軍事力の増大が、結果として、ウェストファリア体制によって特徴づけられる国際秩序の毀損につながるのだとすれば、周辺諸国が安閑としていられないのは当然です。

中国独自の秩序はあるのか

注意すべきなのは、現在、深刻な問題とされている事態は、国際秩序全般の安定性や、その本質的性格の変質の有無というよりは、むしろ国際秩序の一部分、具体的には台頭するパワーの周辺地域の地域秩序への甚大な影響として現れているということです。

アジアの偉大な中国ウォッチャーの一人であった、故リー・クアンユー元シンガポール首相は、中国の意図について次のように語っていました。

中国には、世界で最強の国家になろうという意図がある。近隣諸国のみならず、世界のすべての国々の対中政策は、すでにその点を見据えている。……他の新興諸国とは違い、中国は中国として存在し、欧米の名誉会員としてではなく、中国として受け入れられることを望んでいる。……中国の考え方の核は、半植民地化やそれによる搾取と屈辱以前の世界だ。中国語で中国は「中心の王朝」を意味する。中国がこの地域で支配的な立場にあり、関連諸国を属国と見なし、北京に朝貢させていた時代を思い起こさせる名称だ。……アメリカが1945年以降そうであったように、強国となり工業化した中国は東南アジアの善隣友好国となりうるのだろうか？　シンガポールには確信がもてない。ブルネイやインドネシア、マレーシアやフィリピン、タイやベトナムもやはり、確信をもてないだろう。[11]

もし中国が、かつて存在した華夷秩序への回帰といった、他国の主権を侵害しないことを基本とするウェストファリア秩序とはまったく異なる地域秩序の創出を意図するのであれば、中国と近隣諸国との摩擦と緊張は、今以上に深刻な問題となるでしょう。[12]

なぜなら、そのような特異な秩序形成は、合意と協力に基づくリベラルな秩序の創造が保障されないおそれが大きいと考えられるからです。第二次世界大戦後の米国によるリベラルな秩序が、その他の国々による自発的な合意とルール、そして米国がもたらす安全保障・経済などの利益の供与に特徴づけられるとすれば、中国が志向する独自の秩序（それが存在するとして）が、これまで米国が提供してきたリベラルな秩序を十全に代替するか否か深刻な疑問が残るからです。

二〇一〇年七月のASEAN外相会議において、当時の中国の楊潔篪外交部長が語った、「中国は大国であり、その他の国々は小国である。これは事実なのだ」という素っ気ない言葉は、そうした懸念を裏付けているのかもしれません。また、中国が南シナ海問題などのコンテキストにおいても、「歴史」のレトリックを重視することは、現代の国際法へのあからさまな反発にとどまらず、ウェストファリア秩序への中国によるコミットメントに対する深刻な疑念を抱かせているのです。

とりわけ中国の国内体制が、米国とは異なり中国共産党による一党独裁を前提とする非民主的な体制であり、人権や自由主義、法の支配といった普遍的価値観が先進民主主義国との間で共有されていないことは、そのような疑念の根幹にあります。近年、中国国内において欧米の価値観を拒否し、中国的な価値観を促進するとの方針が教育分野においても一層強調されるようになっていることは、こうした疑念を一層深めることになっているのです。

もし、当面の間、中国が米国を中心とするパワーに対抗することができないのであれば、姿勢を低くして、あからさまに世界の覇権を目指すような行動を控えることが得策となります。この点について、世界のナンバーワンになるために中国の戦略はどうあるべきかとの問いに応えて、故リー・クアンユー元シンガポール首相は、次のように指摘します。

　中国は、世界に追いつき、体制を確立し、共産主義体制から市場システムへと移行するのに、30年から40年、もしくは50年間の平和で安定した時間が必要だと見ている。ドイツや日本が犯した過ちは、避けなければいけない。彼らの力や影響力、資源をめぐる争いのせいで、前世紀には2度の悲惨な戦争が勃発した。ロシア人の過ちは、軍事費に国家予算をつぎ込みすぎ、民生用の技術に回す予算が少なすぎたことだ。そのため、ソ連経済は崩壊した。おそらく中国の指導者は、軍事力でアメリカと競ったら、自分たちが負けることを知っているはずだ。そうなれば中国は、自ら崩壊してしまうだろう。そうならないために、あと40年から50年はおとなしくし、敵をつくらずにほほえんでいるべきだ。[13]

しかし、二〇〇八年以降の中国による東シナ海や南シナ海におけるさまざまな言動は、このようなリー・クアンユー元首相の的確な助言をすでに裏切っているように見えるのです。

恐怖による勢力均衡とリアリズム

世界がアナーキーな状態にあると考えることは、リアリズムの出発点です。

国際社会において主権国家の行動を制約する上位の権威が存在しない以上、主権国家は相互に平等であり、そのような世界では、そもそも秩序どころか、つねに争いが起きてもおかしくはないと想定されるからです。ネオリアリズムの泰斗として知られるケネス・ウォルツは、「国家は、最小限自己保存を、最大限世界支配を、追求する統一的アクターである」[14]と定義しました。

このリアリズムの考え方は、一九世紀のダーウィニズムの思想とも密接に関連しています。ダーウィンは『種の起源』を一八五九年に著しますが、英国のエリート層は、社会的なダーウィニズムを主張することに強い関心を抱きます。なぜなら、それはエリート層の優越性を示すことになったからです。英国では一八六〇年代から七〇年代にかけて、ダーウィンの思想が幅広く受け入れられるようになっていきます。その影響を受けた後の英国首相のソールズベリ卿は次のように言っています。

食うか食われるかということは、自然界ばかりではなく政治においても偉大な法則なのである。地球は羊と狼、すなわち、太っていて自己防衛ができない者と痩せていて、強力な者とに分けられる。（一八六八年）

このような世界では、弱者は自らの存在を脅かす強者に従うか、あるいは強者よりは弱いが自らよりは強いような、その他の者たちと同盟を組んで総合的に強者より強くなることにより、自らの生存を図ることになります。古代ギリシャにおいても、弱小国家は、強力なアテネを暴君とみなして、相対的に弱いスパルタを自らの解放者とみなしたのです。トゥキディデスは、ペロポネソス戦争を描いた『歴史』において、アテナイとスパルタをそれぞれの中心とするギリシャ都市国家による合従連衡と、それらの都市国家間の戦争へ至る道を冷徹に描きました。

一八世紀のイギリスの思想家デヴィッド・ヒュームは、古代ギリシャの昔から勢力均衡の思想があることを指摘しました。同じ時代に生きたスイスの法学者エメール・ド・ヴァッテルは、勢力均衡を「いずれの一国も優越的地位を占めておらず、他国に対して自らが正しいとみなすことを独断的に命令できない状況」と定義しました。近代国際社会における勢力均衡の体系は、一八世紀初頭のスペイン王位継承戦争後のユトレヒト条約によって成立したと言われています。

ウクライナにおけるロシアの行動を見たバルト三国がＮＡＴＯとの同盟強化を急いでいることや、ルーマニアがＮＡＴＯの緊急展開部隊の一部を受け入れるとの決断をしたことは、ロシアに対抗する同盟を盤石なものとしたいという恐怖が生んだ自然な反応です。

イランによるシリアやイラクへの覇権伸張を懸念するサウジアラビアやエジプトがアラブ合同軍の創設を決定し、アラブ域内の軍事的な協力を強めるのも、域内における勢力均衡の一環です。

また、南シナ海の島嶼の主権をめぐって中国との鋭い対立に悩むフィリピンが、米国との間で米比安全保障条約を一層強化する方向で動き、米国との合同演習を強化したり、あるいはフィリピンのクラーク空軍基地から飛び立つ米軍のＰ８偵察機の南シナ海偵察を許可していることにも不思議はありません。そして、言うまでもなく、私たちが依って立つ日米同盟の根幹にある考え方は、勢力均衡という現実主義です。

帝国主義がはびこる一九世紀のヨーロッパでも国家間の弱肉強食は当然とされていました。だからこそ、自らのサバイバルのためには勢力均衡、バランス・オブ・パワーが追求されたのです。より正確には、勢力均衡がないところには平和は存在しえませんでした。

最も典型的な勢力均衡は、一九世紀のヨーロッパに見られました。ナポレオンの失脚後のヨーロッパにおいて、ウィーン会議を通じてオーストリアのメッテルニヒを中心として形成された神聖同盟による勢力均衡は典型的な例です。

一九世紀末には、英国が光栄ある孤立の下で大陸におけるバランサーとしてふるまうことを前提としつつ、ヨーロッパ大陸においてはドイツのビスマルクがリアリズムに基づく外交を通じて、ロシア、オーストリア、フランス、イタリアの間で勢力均衡を図ろうとしました。一八七八年に開催されたベルリン会議はその代表的なものです。

しかし、ビスマルクが舞台から退場する一八九〇年以降、ドイツ自らの台頭とその積極的拡張主義が英国やフランスに警戒心をよびおこし、列強間での勢力均衡を維持するのが著しく困難になりました。そもそも複数のパワーの間で勢力均衡を維持することは、ウィーン会議におけるメッテルニヒや、ベルリン会議におけるビスマルクのような外交上の老練さを必要とするきわめて困難なミッションなのです。

一見したところ勢力均衡は、国際平和を維持する上で最も古典的な手法ですが、歴史的に見ても必ずしも勢力均衡政策によって平和が長続きしたわけではありません。そもそも勢力均衡政策は、平和の維持を目的とするよりも、主権国家システムそれ自体の維持にとってより重要なものでした。

しかし、勢力均衡が成立することによって、特定の覇権国家による支配を防ぐとともに、中小の国々の独立を保全し、また、国際秩序が依拠する国際法などの諸制度の効率的な機能を守ったのです。その意味ではパワーがこれまで以上に多極化しつつある現代においても、私たちの意識的努力がなされず複数国間の勢力均衡が崩れるならば、国際秩序が破綻するおそれがつねにあります。

一九世紀末のヨーロッパの場合には、勢力均衡のために締結された重複する同盟関係が複雑になるとともに、各国の世論やナショナリズムが政府当局の外交上の自由を制約し、結果として勢力均衡そのものを継続することが困難となったのです。しまいには、英国首相ソールズベリ卿が言うように、「生きている諸国が死につつある国の領域に侵入し、文明化された諸国間の紛争の種と原因が急速に現れてきている」（一八九八年）ようになっていくのです。

同時に、古典的な勢力均衡は、オスマン帝国などの植民地の分割やビスマルクのような卓越した指導者の外交によって支えられて初めて長期の平和が保たれたのであり、そのような与件が整わない場合には、勢力均衡の成功が保証されているわけではないことも、私たちは肝に銘じる必要があるのです。

第五章　リベラルな秩序へ

「我々は勢力均衡の時代を後にした」

現在の国際社会は、勢力均衡に基づくリアリズムばかりではなく、共通の制度や価値を中心とするリベラルな国際秩序への信奉によっても支えられています。

このリベラルな国際秩序という考えは、もともとウッドロー・ウィルソン米国大統領の唱えた理想主義の系譜に遡ることができます。第一次世界大戦の終盤の一九一七年一月、米国上院での「勝利なき平和」演説において、ウィルソン大統領は「力の均衡ではなく、力の共同体が、組織化された闘争ではなく、組織化された共通の平和がなければならない」として、恒久平和の基礎が、被統治者の合意に基づく政府の形成、国際機構の設置、軍縮、公海の自由にあると訴えたのでした。

そして、その翌年一月にウィルソン大統領が提示した一四ヵ条の平和原則は、国際政治における理想主義、今日の国際秩序を貫くリベラリズムの始まりとなりました。

それは、主として次の四つの点においてウィルソン大統領の理想主義を中核においています。

第一に、帝国主義を拒絶する基礎となったこと。

第二に、世界秩序を維持することを目的とする国際連盟という国際機関の創設を提案したこと。

第三に、民族自決権を宣言したこと。

第四に、カントの『永遠の平和のために』を実践すべく、民主主義を政治的および経済的に成功するための必要条件として掲げたことです。

戦争が終わり、ウィルソン大統領を乗せたジョージ・ワシントン号がフランスに到着した際、フランスのプレスは、ウィルソンのことを「未来の希望そのものである」として、大歓迎しました。歴史家のH・G・ウェルズは、ウィルソン大統領のことを「平凡な政治家であることをやめ、ついにメシアとなった」と記しました。

国際政治における理想主義は、国際システムそのものが人為的な営為により、より素晴らしいものになるであろうという理想への共鳴にあります。実際、ウィルソン大統領は、祖父も父も牧師という家庭に生まれ、多分にキリスト教の教えの影響を強く受けて育ちました。このため、ウィルソンは、自らの信じる道徳的な普遍主義に基づいて世界大戦の処理にあたったのです。とりわけ、ウィルソンはかつてのヨーロッパで信じられた勢力均衡を真っ向から否定します。なぜなら勢力均衡の考え方こそがヨーロッパを戦争の惨禍へと追いやったからです。また、秘密外交として知られた外交的な手法についても、ウィルソンはこれを拒絶しました。

実際、ベルサイユの講和会議から帰国したウィルソン大統領は、「我々は勢力均衡の時代を後にした」と語りました。

ウィルソンは、これまでヨーロッパの政治家には考えようもなかったアメリカ的な伝統と道徳観にたって、国際平和の概念を一新し、第一次世界大戦後の世界秩序を構想したのです。ウィルソンは、民主主義こそが統治の最善のあり方であるばかりではなく、永続的な平和の基礎にあること、また、民族自決が拡大すれば、その結果として民主主義も拡大すると信じたのです。

無論、一九一九年に締結されたベルサイユ条約は、英仏を中心とする委任統治を認め、こうしたウィルソンの理想を反映した結果とはなりませんでした。また、米国も、共和党が優位にたった議会の反対のために、米国自らが提案した国際連盟に加盟することはなかったのです。

そして、こうした戦間期のリベラルな秩序を志向する理念は、リヴァイアサン（主権国家）の恣意的な行動を抑制するのに十分な共通の制度や価値を生み出すことはできませんでした。この結果、第一次世界大戦を上回る第二次世界大戦の惨禍をもたらすこととなったのです。

しかし、この理想主義の系譜は、第二次世界大戦後の国際連合の設立を経て、過去一〇〇年にわたって、国際関係の重要な基軸を形成してきたことは間違いありません。それは、二回にわたる世界大戦が露呈した、ウェストファリア以降続く主権国家間による国際関係の限界を見据えたものとなります。

大西洋憲章が第二次世界大戦後の秩序を形作った

第二次世界大戦後の国際秩序の構想は、実は、日本による真珠湾攻撃によって太平洋戦争が発生する前の一九四一年夏の大西洋憲章によってほぼ決定的となりました。それは、ルーズベルト大統領とチャーチル首相によって発表された米英間の合意です。

大西洋憲章は、米英の戦後のヴィジョンを八つの原則にまとめました。それは、ウィルソン大統領が信奉していたリベラルな秩序と何ら齟齬はないものでした。米国をヨーロッパでの戦争に参加させたいチャーチルと、戦争の目的について英国から了解を得たいルーズベルトの間で行われた議論が、大西洋憲章という形で一致したのです。

憲章では、両国は領土拡大の意図を否定するとともに、領土変更における関係国の人民の意思の尊重、政府形態を選択する人民の権利、自由貿易の拡大、経済協力の発展、恐怖と欠乏からの自由の必要性、航海の自由の必要性、武力の使用の放棄と一般的安全保障のための仕組みの必要性といった、戦後により具体化される基本原則を掲げました。

この憲章は、戦後の民主的でリベラルな国際秩序の形成にあたって、大きな影響を及ぼしていくことになります。その後、一九四二年一月一日の「連合国」共同宣言により、総勢二六ヵ国が、この大西洋憲章の目的と原則を承認したことから、大西洋憲章が戦後の国際連合（United Nations）創設につながっていくことになります。国際連合が第二次世界大戦の戦勝国である「連合国」であることは、戦後の秩序が、力による勝利によって形成されたという歴史的事実を物語っています。今でも国際連合の歴史を説明するパンフレットには、必ず大西洋憲章が真っ先に書かれていることは当然なのです。

一九四四年八月から一〇月に開かれたダンバートン・オークス会議で創設が決まった国際連合は安全保障理事会を中心とする国際平和を維持するためのメカニズムとして創設されます。また、地域的な安全保障システムとしてヨーロッパでは北大西洋条約機構（NATO）が、アジアにおいては日米安全保障体制などのシステムが形成されていきます。

同時に経済面においては、一九四四年七月、連合国四四ヵ国代表が参加するブレトン・ウッズ会議が開かれ、世界銀行（国際復興開発銀行）とIMF（国際通貨基金）の設立が決まり、これ以降、米ドルと各国通貨を固定相場制とするブレトン・ウッズ体制が、そのような政治秩序を支えたのです。

こうした国際的な制度による平和の担保という考え方は、とりわけ一九三〇年代の国際政治の混乱に対する反省をふまえたものです。それは、経済的な地域ブロックの形成が、第二次世界大戦へとつながったという教訓にあります。そのため米国は、戦後、開放的な国際システムを構築し、ヨーロッパやアジアなどの米国から離れた地域にも米国というパワーが主体的かつ制度的に関与することによって、閉鎖的な経済圏をつくるという誘因を排除したのです。

リベラルな秩序は戦争を防ぐか

現代においては、一九世紀にはなかった国家の行動を律する拘束力のある、国連などの組織制度や、さまざまな条約、協定といった規範が存在します。一九世紀当時のヨーロッパにおいては、国際社会の利害を調整するのは、「コングレス」や「コンファランス」と呼ばれた会議しかありませんでした。国民が知らない秘密条約によって、国家間の同盟を構築することも日常茶飯事でした。

今では、こうした赤裸々な弱肉強食が露わになるような言動を国家がとることは、もはや容易にはできないのです。現代ではメディアの発展により国際世論が発達しており、道徳的な観点からも国家の行動を著しく制約しています。

リベラルな国際秩序を重視するジョン・アイケンベリーは、第二次世界大戦後の米国の覇権下で発展した秩序が特殊なものであることについて、「自由民主主義諸国は、かつてあった過去の国際秩序よりもはるかに拡大し深化した世界的な政治・経済コンプレックスを構築した[15]」と強調しています。

これが正しければ、今後、いかに異なる秩序を模索する国家が台頭し、いかに米国の力が相対的に衰退しようと、このように高度にリベラルな国際秩序は自律的に発展する可能性を秘めているとも言い得るでしょう。アイケンベリーは、次のようにも述べています。

> 中国が米国をパワーにおいて凌駕することがあったとしても、中国が既存の国際秩序を変えられるかどうかは不明瞭である。……たしかに中国が一層力強くなれば、既存の秩序の中で一層の権威と権利をたしかに求めるだろう。そして、既存の秩序はこれを許容するように変化するだろう。**しかし、中国は、リベラルな国際秩序をラディカルに新しい何ものかへと画期的な変革をするように差配できるだろうか。おそらくそうはならないだろう。**[16]

第二次世界大戦後に発展してきた、相互依存関係、経済関係の複雑さ、諸制度の複合的な発展をふまえたリベラルな国際秩序全体のレジリエンスは、国家であれ非国家主体であれ、特定のパワーの伸張の有無如何で容易に脅かされるものではありません。なぜなら、それらの多国間の制度は、参加する国々の自発的な合意によって支えられているからです。

この点こそが、相手をパワーによって強制することを主眼とする勢力均衡のリアリズムに基づく秩序と、制度と価値に基づくリベラルな秩序を分け隔てています。多国間の制度や合意されたルールに基づく秩序は、参加当事国全体の自発的な合意を基礎としていることから、参加国全体によってその持続性と正統性が担保されるのです。

鄧小平が改革開放を通じて中国の市場を開放しなければ、また、冷戦終結後にロシアが市場経済システムを導入していなければ、中国やロシアは現在のような国際的地位を獲得しえなかったでしょう。経済における市場開放とは国際秩序に身を委ねることと同意義なのです。世界貿易機関（WTO）へのロシアや中国の参加によって、これらの国々のマーケットは、すでにリベラルな経済秩序の中に取り込まれています。また、現在の国際秩序において、政治と経済を分け、経済の分野においては国際秩序から裨益する一方で、政治の分野において国際秩序に背馳することはできない相談なのです。現在の国際秩序から最も大きな恩恵を受けてきたのが、他ならぬ中国やロシア自身であり、この点は両国が最もよく理解しているはずです。

第二次世界大戦後に形成された、主権国家間の多国間による重層的な制度は、リベラルな秩序を発展させる上できわめて重要な役割を果たしてきました。

覇権国である米国から見ても、国際的な制度やルールを拡大・深化させることによって、他国に対して、自らの政治的意志を自発的に受容させるという大きな誘因が働いたと言えます。また、現代の成熟した制度やルールに基づく多国間主義は、大国をも制度的に拘束するという成果につながっているのです。

経済分野においては、ＷＴＯの経済紛争解決メカニズムはその代表的なものです。政治分野においても、たとえ米国が国際刑事裁判所の創設に否定的な立場をとろうと、あるいは、国連海洋法条約を最終的に批准しない状況にあっても、これらの制度や条約が国際的な慣習法の基礎を形成し、平和的な紛争解決のために機能していることは、誰しも認めざるをえないでしょう。

ましてや、南シナ海問題などにおいても、国連海洋法条約を批准し、そのレジームの立派な一員となっている中国が、国連海洋法条約そのものを否定することはありえません。なぜなら、自らの長期的な国益のためにも、そうした自らを拘束する規範を認めざるをえないからです。

力の裏付けのないリベラルな秩序は存在しえない

ただし、現在でも、民主主義や自由主義を国家理念とする米国という覇権的なパワーのみが、こうしたリベラルな秩序を最終的に保障している現実も忘れてはなりません。

とりわけ、特定の国家の国内体制が必ずしも民主主義や自由主義といった価値を十全に受け入れておらず、そのような国家が米国のパワーを凌駕するほどのパワーになる場合には、リベラルな国際秩序は脅かされるおそれがあります。この仮定が妥当だとすれば、米国というリベラルな秩序を重視する圧倒的なパワーがあってこそ、現在のリベラルな国際秩序が初めて存在するといえるでしょう。

この点で、ロバート・ケーガンが、「リベラルな世界秩序は、その他の世界秩序と同様に、強制されたものなのである」[17]と考え、「ローマ時代以来正しいとされてきたことは今もって正しいのです。すなわち、世界秩序を守らんとし、規範を形成し、制度を維持し、経済システムの根幹を守り、平和を守るという力なくしては、世界秩序は存在しえない」[18]と述べていることは、本質的に正しい指摘です。

そもそも国連、すなわち「ユナイティッド・ネーションズ」が、力によって秩序をもたらした連合国そのものであることをわたしたちは再認識する必要があります。

そして、国際秩序維持のためにパワーが必要であることは、冷戦崩壊後においても基本的には変わりありません。湾岸戦争後の米国を中心とする有志連合の勝利は、あたかも米国一国による一極集中の事実上の支配の貫徹というイメージすら与えることとなりました。二〇〇八年のリーマン・ショック以降、中国の台頭という認識が国際的に拡がるまでは、イラク戦争直後には、国際社会の論調としては、むしろ米国による「帝国主義」の拡大への批判のほうが顕著だったのです。

現在に至るまで、米国による国際政治および安全保障における優位という状況認識は直ちには揺るぎようもないでしょう。それはハード・パワーとソフト・パワーの双方において米国を凌駕するような、世界的な規模の影響力ないしは強制力を有する「帝国」は存在せず、近い将来もそれを想定することが困難だからです。

台頭する中国も、その経済力がいずれかの時点で米国に追いつくとしても、その軍事力や政治力、あるいは、第三国を惹きつける魅力という意味でのソフト・パワーのいずれにおいても、米国を容易に凌駕することは、近い将来、現実化することはないでしょう。ましてや、米国が理念として掲げる民主主義や自由主義、人権、法の支配といった普遍的価値を、中国共産党の支配を前提とする現在の中国が体制内に容易に受容するとも考えにくいでしょう。

多国間の協調的安全保障

アジア地域においても、過去四〇年以上にわたるASEANを中心とする多国間の制度、枠組み構築に向けた努力は遅々とした歩みとはいえ、着実な成果をあげてきています。

ASEANを中心とする多国間の枠組みはすでに重層的に形成され、たとえ強制的ではないにせよ、主権国家を相互に拘束するシステムに向けて発展しているのです。そこでは、アイケンベリーが指摘するように、「ルールや制度は信頼できるようなかたちで確立していれば、強大な諸国がパワーの小さな諸国を支配したり搾取したりする可能性をより小さくするために作用する」[19]のです。だからこそ、現在のASEAN地域フォーラム（ARF）、拡大ASEAN国防相会議（ADMMプラス）、東アジア首脳会議（EAS）といった多国間のメカニズムを強化、発展させる知的営為が一層必要とされているわけです。

二〇一三年一一月に台風三〇号「ハイヤン」がフィリピンを襲った後の国際的な救援活動や、二〇一四年三月に発生したマレーシア航空MH370事件後に展開された捜索救難の経験をふまえれば、ＡＳＥＡＮを中心とする海洋における地域協力の潜在性はきわめて大きいのです。

もし、中国軍が参加する形で多国間の協調的安全保障協力を推進することができるならば、地域の信頼醸成およびリベラルな地域秩序を強化する上でも、中国の海洋進出を国際秩序と整合性のある、より穏健なものに変えていく一つのメカニズムを提供できるかもしれません。

たとえば、世界平和研究所では、欧州安全保障協力機構（ＯＳＣＥ）のモデルに基づいて、東アジアにおいても、海洋の安全保障に特化したアジア海洋安全保障協力機構（Asian Maritime Organization for Security and Cooperation＝ＡＭＯＳＣ）を創設する構想[20]を打ち出していますが、このような多国間のメカニズムを一層強化していくことが、緊張と対立の平和裏のマネージメントを改善し、長期的に地域秩序を安定化させる方途となるでしょう。

本来、中国と日本がともに依存する海上交通路（ＳＬＯＣｓ）は、東北アジアから中東湾岸に至るという意味で、完全に重なっていることを改めて想起する必要があります。すなわち、東アジアにおける中国海軍の急速な進出が引き起こしている不協和音が、遠く中東湾岸からソマリア沖に行けば、海賊対策のための国際的なオペレーションを中国海軍も日本の海上自衛隊も参加した上で、共同で実施しているという国際的なハーモニーに変わります。

だからこそ、このような多国間の取り組みの強化を通じて、中国との間でも協調的な行動を共に行っていく努力をけっして忘れてはならないでしょう。なぜなら、こうした取り組みこそが、勢力均衡に基づくリアリズムが有する桎梏を、本格的に乗り越えるための唯一の開かれた機会なのですから。

ポストモダニティの秩序へ

制度構築に加えて、リベラルな秩序をめぐるもう一つの重要な課題は、自由主義や民主主義、人権、人道、法の支配といったリベラルな価値の普及にあります。現代においては、このような価値は普遍的なものであって、これらを西欧的な価値とみなすことはもはやできません。

これらの価値を代替するような普遍的価値を、いかなる国といえども提示することは困難でしょう。たとえば、中国は国内において「社会主義の核心的価値観」[21]を中国的な価値として喧伝していますが、それがどのように普遍的価値と異なるのか明確ではありません。また、そのような社会主義の核心的価値観が、中国以外の国々の人々が受容する価値になるとも考えにくいのです。

無論、アジア地域を含め世界の多くの国々が、このようなリベラルな普遍的価値を十全に共有しているわけではまったくないことも事実です。韓国や台湾ですら民主化が根付いたのは過去三〇年程の間にかけてにすぎません。

アジア地域においては、第二次世界大戦後長らく日本のみがリベラルな価値に基づく秩序を受容し、西側の一員として世界秩序におけるその地位を享受してきたことは、より強調されるべきでしょう。日本には、こうしたリベラルな価値をアジアの同胞と共有していく責務があります。そうでなければ、真に堅固な秩序をこの地域に築くことはできないからです。

東南アジアにおいても、徐々にとはいえインドネシアやカンボジアの民主化や、今回のミャンマーにおける選挙を通じた平和的な政権交代に向けた動きがこの一〇年程の間に起きてきています。このような変化はアジアの国際秩序がよりリベラルな立憲主義へと向かう可能性を示唆しています。ＡＳＥＡＮが真の共同体へと深化していく中で、今後一層こうしたリベラルな価値をめぐる課題は、アジア全体の地域秩序形成をめぐって重要性を増していくことは間違いありません。

かつて一九八〇年代にＧ７の米国代表シェルパを務めた国際政治学者ヘンリー・ナウは、現実的な民主主義の拡大政策について「インクブロット戦略[22]」を提示しています。民主主義を無理やりに新興国に広めるのではなく、すぐに民主化が困難な新興国のむしろ周辺国において民主主義を堅固なものにしていくならば、インクのしみが拡がるように民主主義は近隣諸国に自然に拡がっていくというのです。ナウは、アジアであれば中国の周辺に位置する台湾や韓国こそが重要になると指摘します。このような漸次のアプローチを通じて普遍的な価値の拡大を意識的に進めていくことが大切なのです。

諸国間で合意できる、リベラルな価値に基づき制度やルールが確立され、さらにはそれが恒常的に機能するようにならなければ、国際秩序は容易に勢力均衡か、事実上の覇権システムに頼り続けることになります。アジアにおいては一見したところ、リアリズムに基づくモダニティへと向かう動きが日毎強くなっているようにも見られますが、同時に、制度や価値といったリベラルな秩序を拡大、深化させていく営みの有する影響力に、より注目する必要があります。

なぜなら、そうした制度の深化やリベラルな価値の共有は、「リヴァイアサン」を超えるポストモダニティに向かう動きとの親和性を潜在的に有しているからです。

現在、アジア地域においては、依然として私たちは近代のシステムの枠内でしか物事を見ることができずにいます。とりわけ、国家ナショナリズムが強く、市民社会が未成熟な状況では、主権国家のパワーを抑制する制度や価値へ向かうダイナミズムはほとんど機能しません。この結果、第二次世界大戦後、ヨーロッパが到達した欧州連合という超国家的な制度構築への動きと比べると、アジアにおいては、このような取り組みは、ほとんど真剣なレベルには達していません。

すなわち、アジア地域の国際秩序において支配的な基本原則は依然として主権国家を基本とする国際システムであって、主権国家を超越するような制度や地域的な枠組み、超国家的な地域組織は、いまだ現実のものとはなっていないのです。

ロバート・クーパーは、ポストモダンの秩序は二つの条約によってヨーロッパに誕生したことを指摘しています。すなわち、ヨーロッパ諸国が、一九五七年のローマ条約を通じて欧州経済共同体（ＥＥＣ）を成立させ、欧州通常戦力条約（ＣＦＥ）を通じて七万を超える戦車、火砲、ヘリコプター等の重火器類が合意によって破棄され、自らの意思でヨーロッパ諸国は自らを守るための力を放棄することを誓ったのです。ＥＵは、単一市場および共通通貨ユーロを軸として、共通の財政政策、通商政策、農業政策などを通じて政治・経済・社会共同体として深化と拡大を続けています。

ＥＵの拡大と深化が可能となったのは、無論、冷戦によるソ連との対峙という要因もありますが、大きな背景にはヨーロッパ諸国においては、市民レベルにおいて共通の価値を深く広く共有していることがあったのです。

アジア地域においても、主権国家が自らの力を抑制することで、新たな地域秩序を形成していくというポストモダニティのあり方が真剣な考慮に値するでしょう。現在、少なくともＡＳＥＡＮにおいては、二〇一五年末に発足した経済共同体にはじまり、政治安全保障共同体の創設に向けた議論が深化しています。このような議論の地平線には、ＡＳＥＡＮ以外の主要国を包括した共同体の議論も十分に考えられるでしょう。

無論、そのような事態を可能とするためには、アジアにおいても、自由民主主義や法の支配、人権・人道といったリベラルな価値が市民レベルで深く広く浸透し、国家がそれを尊重するまでに成熟することなしには、アジア全体を包含するような共同体への道のりは困難なものとなるでしょう。

しかしながら、平和を希求する人々や、次第に成熟するアジアの市民社会の真摯な熱意は、これまでの秩序のあり方に固執することをけっして許さないに違いありません。地域共同体の形成を通じた平和の確保という理想は、新たなポストモダニティの秩序の幕開けを予知しているのかもしれません。

第六章　国際秩序に平和的な変革をもたらすことができるか

チェンバレンが宥和政策を選択した理由

私たちは問題の核心に迫る必要があります。

国際秩序の動揺の只中で、私たちすべてに課せられた課題は、E・H・カーがかつて投げかけた次の質問に答えることです。

しかし、現状を守ることはそれ自体持続的にうまくいく政策なのだ、ということではない。硬直した保守主義が確実に革命となって終わるのと同様、現状を守ることは戦争となって終わるだろう。「侵略に対する抵抗」は、それが国家政策のつかの間の仕掛けとしていかに必要ではあっても、何の解決策にもならない。なぜなら、変革を阻止するために闘う用意をすることは、変革を強行するために闘う用意をすることと全く同じように不道徳だからである。したがって、平和的変革の方法を打ち立てることは、国際道義や国際政治の根本問題となるのである。（E・H・カー『危機の二十年――理想と現実』、原彬久訳、岩波文庫、二〇一一年）

もし、台頭する中国が現在の国際秩序を中国なりの意図と方法によって変革しようとしており、その他の国々が、これまで築きあげてきた現状を頑なに守ろうとすれば、カーのいうとおり戦争への道すらも覚悟する必要があるかもしれません。

イギリスの歴史家ニーアル・ファーガソンは、二〇世紀の歴史は事実上、「西欧の衰退の物語」、すなわち「大西洋のパワーが世界の支配を東方に譲るという世界の方向転換」であったと指摘しています。[23]

実際に、二〇〇二年の第一六回中国共産党大会では、国家目標として中華民族の偉大な復興が打ち出されるとともに、「平等・公正・合理的な国際秩序」の構築という大きな方針が掲げられ、漸進的に米国主導の国際秩序に挑戦することが明らかにされています。このような独自の秩序形成を志向する中国の考え方が、ロシアやイランなどによる反米、反覇権的意識と交差し、リベラルな国際秩序に対抗するブロックを形成していくおそれも否定はできません。

逆に、台頭する新興国と衰退する覇権国が相互に了解の上で、友好の精神をもって現在存在する秩序のあり方を徐々に変化させることを良しとするならば、少なくとも平和を維持することは可能でしょう。もっともその場合には、多分に強者の意思が色濃く漂う秩序となるであろうことも否定しえないでしょう。

それではよりリアルな状況を考えてみましょう。

戦争が近づく時、往々にして国家は二つの選択肢に迫られます。圧倒的な敵の勢力の前に、平和の継続を目指して宥和を選ぶか、それに対抗するために、戦争も辞さず、もっぱら自らの自衛力を強化し、他国との同盟を強化しようとするのか。

その最終的な判断は、究極的にはその国の政治指導者の良識ある判断と国民の気概にかかっています。しかし、多くの場合には、戦争への道ではなく、国家は宥和政策による平和を選ぼうとします。それは、有事が迫る危機の最中（しかし、いまだ有事に至っていない）においては、宥和政策が国家にとって最も合理的な選択であるからです。

その宥和政策を選んだ代表例は、一九三〇年代の英国です。当時、ヒットラー率いるドイツに対して、ネヴィル・チェンバレン首相の宥和政策がむしろ英国にとって好ましい政策とされました。一九三八年に至るまで、ドイツとの戦争を回避するためには、宥和政策が英国の国益にとって最善の選択肢であったのです。歴史家のポール・ケネディは、宥和政策のメリットについて、「それは、国家の国益がそれほど有害なほどに脅かされないのであれば、紛争の平和的解決は、戦争を行うよりは英国の利益にとってより多くを意味するという推定に基づく政策であった」[24]と述べています。

世界各地に植民地を有する大英帝国にとっては、一部のヨーロッパの辺境の土地がドイツによって蹂躙されようと、大英帝国全体の利益から見れば、これに反対してドイツとの関係を緊張させ、ひいては戦争に至るようなリスクをおかすことは、けっして望ましいことではなかったのです。

一方で、このような英国の足元を見透かしたヒットラーは、大陸の動向に介入しない英国との平和の維持は可能であると考えました。この結果、英国の対独宥和政策は、ヨーロッパ大陸においてドイツ帝国がさらなる拡張へと乗り出すインセンティブとなってしまったのです。

一九三八年九月に行われたミュンヘンでのチェンバレンとヒットラーの首脳会談において、英国はチェコスロヴァキアのズデーテン地方の割譲を認めることになります。世に言うミュンヘン協定です。一方、英国に帰国したチェンバレンは、このミュンヘン会談を通じてドイツとの戦争を回避できたとして、「我々の時代にとっての平和」(Peace for Our Time) をもたらしたと喧伝したのでした。

ズデーテン地方を奪われて弱体化したチェコスロヴァキアは、ドイツ軍への抵抗力を失ってしまいます。翌年一九三九年三月に、ボヘミア、モラビアと、その領土をドイツ帝国に奪われ、国家そのものが融解してしまいます。ポーランドにドイツ軍が侵攻するのは同年九月であり、英仏両国はポーランドに味方して、ようやくドイツに対して宣戦を布告することになります。わずか一年足らずの間に、チェンバレンの選択した宥和政策は、ヒットラーによる確信的な拡張政策によって、無に帰したのです。

ポール・ケネディは、当時の英国を分析して、宥和政策を選んだ背景として、次の四点が重要であったと指摘しています。

第一に、英国においては一九世紀以降、紛争を非暴力的に解決することに対する道徳的な傾向があったこと、第二に、経済的にも自由貿易に依存する英国が、戦争を行うことによって経済的損害を被ることを回避したいと考えたこと、第三に、戦略的な理由として、すでに拡張しすぎた帝国であった大英帝国は、妥協を行うことは問題を解決するための受け入れられたルーティーンであったこと、第四に、戦間期において、第一次世界大戦後の平和主義に影響を受けた国民が国家の意思決定に大きな役割を担うようになったという国内的な理由です。[25]

道徳、経済、戦略、内政という四つの理由は、現代においても、紛争を潜在的にかかえる国家にとっては、宥和政策をとるべききわめて合理的な理由になりえます。同時に、これらの理由を見透かした確信的な意図を有する侵略国が現れるとするならば、一九三〇年代のヨーロッパ大陸と同様に、その宥和政策が失敗に帰することも同様に真理です。

ロシアに対する宥和政策の結果

宥和政策は、現代においても強い魅力を有しています。

たとえば、ウクライナ危機をめぐる政策論争にも、ロシアとの間でとるべきなのは宥和政策なのか、対抗政策なのかという基軸があります。象牙の塔に籠る現実主義者から見れば、ウクライナ東部二州をめぐるロシアとの事実上の紛争が、米露間ののっぴきならない緊張へとつながるのであれば、それは戦略的に得策ではなく、ロシアのウクライナにおける権益を事実上認めたほうが、より理にかなっているのです。[26]

他方、実際に外交政策を担っている実務家から見れば、ロシアが現在行っているウクライナ東部に対する不安定化作戦が続くならば、ウクライナばかりではなく、次第にバルト三国やその他の東欧の国々の安全保障までが脅かされることは必至であると考えるでしょう。

この場合には、ロシアによるクリミア半島「併合」がそもそも国際法に反しており、このような違反が続くならば、最終的に我々の依拠する国際秩序そのものが根底から動揺すると考えざるを得ないのです。この点で、ウクライナの辺境で生じている地域紛争においても、ロシアに対する宥和政策は、けっして望ましい結果を国際社会にもたらさないという国際的なコンセンサスが生じています。

台頭する中国に対する政策論争に関してはなおさらでしょう。とりわけ、経済的な利益をもたらす経済大国との間で、いかなる意味でも緊張を抱え、これと対峙することは、道徳的のみならず経済的に愚の骨頂であるからです。中国との貿易・投資関係をより重視する多くの国々の対中国政策が、中国のエンゲージメントを重視する立場に立っていることは無理もありません。

一九三八年のミュンヘン宥和の背景にも、一八〇万人におよぶ失業者を抱えた英国の深刻な景気低迷があったことを考えれば、現代でも、ドイツを除けば経済の低迷にあえぐヨーロッパ諸国の多くが中国との経済関係を重視し、アジアインフラ投資銀行（ＡＩＩＢ）への加盟を急いだことも合理的行動と言えます。

フィリピンやベトナムのような南シナ海の主権問題を抱える東南アジアのクレイマント・ステイトが、ＡＳＥＡＮ首脳会議において自らが求める厳しい声明を発出できないことを苦々しい思いで見ざるをえないのは、クレイマント・ステイトを含めたＡＳＥＡＮ諸国全体の国益が、中国との貿易・投資に大きく左右される現状を如実に反映しています。

この観点からは、中国との間でASEAN諸国が、南シナ海問題の平和的解決を追求すること自体には合理性があります。実際に、二〇一五年四月にクアラルンプールで開催されたASEAN首脳会議において議長国を務めたナジブ・ラザク・マレーシア首相は次のように述べています。

我々は緊張を増大させないように、重複する海洋主権を含む食い違いを平和裏にマネージする必要がある。最近の情勢は南シナ海に関して懸念を増大させている。国際貿易にとってのシーレーンの重要性に鑑みれば、南シナ海でのいかなる出来事も国際的な関心となる。ASEANは主体的に、しかし、前向きかつ建設的に問題解決努力を行わねばならない。

脅迫者に譲歩するな

しかし、そのような宥和政策は、短期的には妥当であっても中長期的な戦略としては破綻するおそれも大きいのです。

この点で、ミュンヘンの宥和が生んだ悲劇とはまた異なる経過をたどった、フィンランドとソ連の二度にわたる戦争（一九三九年一一月〜四〇年三月、四一年六月〜四四年九月）についても言及しておく必要があります。

なぜなら、チェコスロヴァキアのドイツへの宥和がチェコスロヴァキアの併合へとつながったのとは異なり、フィンランドの場合には、ソ連に対して自らの領土を割譲することによって、独立を維持したからです。しかし、戦後の一九四七年のパリ講和会議において、一九四〇年にソ連に割譲したフィンランドの領土は戻らず、さらなる領土割譲と賠償金を科せられたのです。最終的にはフィンランドは戦前と比較して国土の約一二パーセントを失いました。

現在、南シナ海において中国が進めている、「九段線」の範囲にある中国が実効支配する岩礁における大規模な埋め立て工事は、将来、南シナ海全域に対する中国の海洋監視能力と軍事的および非軍事的プレゼンスを著しく増大させ、結果として、東南アジアのクレイマント・ステイトのみならず、ASEAN諸国ばかりか南シナ海を航行するすべて船舶の航行の自由およびその上空を飛び交う航空機の自由を著しく制限する結果となるでしょう。

二〇一五年九月三日に行われた北京での軍事パレードで示された六種類の弾道ミサイル群は、そのような疑念を確信へと変えています。とりわけ、精密な命中力を誇る中距離弾道ミサイルであるDF-26の登場は、グアムの米軍基地ばかりか、インド洋の相当部分に加え、東南アジア諸国の大半をカバーする精密な攻撃能力を中国が有するに至ったことを示しています。

注意すべきなのは、宥和政策による領土の割譲という考え方は、つねにさらなる領土の割譲をもたらしたという歴史的事実です。ジェームズ・ホームズとトシ・ヨシハラが指摘するとおり[27]、新しく領土を獲得した国家は、その新たな資産を保護するために前線防衛を強化するということを歴史が証明しているからです。たとえば、「グレート・ゲーム」においては、大英帝国がインド防衛のために中央アジアでロシア帝国と角逐を繰り広げました。日露戦争後、日本もまた朝鮮半島の権益を確保しようと最終的には満州までその防衛ラインを拡大しました。

しかし、一九世紀から第二次世界大戦までの帝国による領土の分割や割譲を前提としていた時代までならばともかく、帝国が保有する植民地も存在しない現代においては、小国の土地の割譲を通じた、帝国同士の間での勢力均衡という考え方はもはや成り立たないのです。

各々の土地には主権を得た独立した国家と、多かれ少なかれナショナリズムを有する国民が存在します。それがクリミア半島であろうと、領有権主張が重複する南シナ海であろうと、国家主権が侵される場合に、かつての帝国間における他国の土地の割譲を通じた平和の確保という方途は、有効な手段として存在しえないのです。

二〇世紀初頭にウィルヘルム二世の下でのドイツの台頭に対し警鐘を鳴らし続けた、イギリスの外交官エア・クロウは、その著名な覚書の中で次のように記しています。

脅迫者に譲歩すれば、脅迫者に資することになる。被害者にとっては、束の間の平和が得られたとしても、ますます短くなる友好的な自制の期間の後で、更なる嫌がらせと一層の要求に直面せざるをえなくなることは、普遍的な経験から確立していることだ。**脅迫者の企ては、だらだらと終わりのない譲歩を続けるよりも、その強要に対する最初からの確固とした立場と、不愉快になり得る状況といったあらゆるリスクに直面する決意によって、一般的に挫かれるものだ。**しかし、そのような決意を欠くならば、二ヵ国間の関係は着実に悪化するであろうことは確実である。[28]

不確実性が高まる状況においては、このような確固たる姿勢なくしては、私たちは政策を誤るおそれがあるのです。

米国と中国の「G2」を許容できるか

宥和政策が、結局は私たちの存在そのものを否定することにしかつながらないとすれば、果たして私たちはどうすればよいのでしょうか。戦争と平和の間にある陰影の中を、最大限の抑止力と細心の自己抑制をもって、曲芸師が綱渡りをするかのように歩むしか道はないでしょう。その道程においては、私たちが歩く道は曲がりくねり、時として細くなり、突風がふけば奈落の底に私たちを誘うおそれもあります。

私たちは、国際政治の歴史から改めて学ぶ必要があります。

一つは伝統的なバランス・オブ・パワー、すなわち勢力均衡の追求であり、もう一つは、秩序を支える規範や制度を重ねて強化していくことです。そのいずれが欠けても、秩序は破綻するでしょう。

そのような中で、パワーの変化と正義の実現をバランスさせていくという強い意志が必要です。この二つを両輪として実践すれば、一定の緊張は生じようが、秩序を乱そうとする力による行為は、いずれの国家によるものであろうと著しく困難となるでしょう。

ヨーロッパは、第一次世界大戦と第二次世界大戦の危機の中で同盟国としての米国の関与を模索したものの、米国のヨーロッパへの直接関与を容易には得られませんでした。そして、その二度のいずれも、ヨーロッパ大陸がほとんど瀕死の状況に陥ってはじめて、それも、いささか誇張して言うならば、もっぱら僥倖による米国のヨーロッパへの介入によって、はじめてヨーロッパは救われたのです。

冷戦の始まりにおいて、ソ連の脅威を前にしてヨーロッパは米国のヨーロッパへの継続的関与を必死に模索します。それはヨーロッパにとっては三度目の正直でした。イギリス、フランスを中心とした北大西洋条約機構（NATO）を一九四九年四月に設立することに成功したことが、結局、ヨーロッパを第三次世界大戦より救うことになったのです。それは、東欧を影響圏においた共産主義のソ連との冷戦を生き抜くために、ヨーロッパ諸国に必要不可欠なことでした。

第二次世界大戦を通じてチャーチル首相の首席軍事補佐官を務め、初代のNATO事務総長となったヘイスティングス・イスメイは、この多国間軍事同盟の目的を、「アメリカを引き込み、ロシアを締め出し、ドイツを抑えこむ」（To keep the Americans in, the Russians out, and the Germans down）ことにあると簡潔に指摘しました。

NATOは、ソ連封じ込めの抑止力の中核をなしていたのに対し、冷戦終了後は、ロシアとの間での関係を模索し、抑止力の重視から、ロシアとヨーロッパの相互の安全を保障するためのエンゲージメントを重視するように変質していきました。そして現在、二〇一四年のウクライナ危機の勃発以降、NATOは改めて抑止力の最重視という原点に回帰しつつあります。

ヨーロッパにおいて五〇年にわたって続いた冷戦が熱戦にならなかったのは、ひとえにNATOの抑止力の存在にありました。

アジアにおいては日米同盟を筆頭とする、米国とアジア各国との間のハブ・アンド・スポークスからなる安全保障システムが、この機能を担ってきました。

このNATOの経験に習うならば、私たちの生存のためには、私たちの同盟国、アメリカをアジアにより一層意識的に引き込み、同盟関係を強固かつ持続的なものにすると同時に、日米同盟の絆をアジアの地域諸国に拡げていくという営為がこれまで以上に必要とされています。

現在、我が国とアジア諸国の間にあるさまざまな戦略的パートナーシップの強化・拡大、また、貿易・投資関係を支える経済連携協定、経済支援、ビジネス関係、そしてあらゆる人的交流を一層強固なものにしていく必要があります。そのような努力は、強固な勢力均衡の形成に資するでしょう。

もう一つの方法は、すべての参加者が裨益するリベラルな秩序を強靱なものとすることです。現在のすべての国々が裨益するリベラルな秩序に代わって、より弱い国々を抑圧するような覇権的秩序の形成を防ぐためには、現在の秩序を、制度面を中心に一層発展させていく以外に方法はありません。

なぜなら、東アジアにおいて軍事的な均衡を旨とする勢力均衡のみを追求し続けることは、中長期的には、典型的な安全保障のジレンマの罠に陥りかねないからです。

また、もし中国や米国の一部の識者が主張するような単純なリアリズムを国際政治において追求すれば、それは地域諸国の国益を毀損しかねないおそれがあります。

たとえば、米国と中国が世界秩序における「G2」を形成し、この主要二ヵ国による戦略的バランスが維持されれば、国際社会にとっても平和と繁栄が保障されるという見方があります。しかし、このような主要国双方による戦略的安定性の下では、皮肉なことにそれ以外の中小国の国益は、容易に毀損されかねないのです。ヨーロッパにおいてロシアとドイツの間に挟まれたポーランドが歴史上三度にわたって分割された事実は、典型的な事例です。

そもそも冷戦下の米ソ二極化も地域において絶対的な平和につながったわけではなく、朝鮮戦争やベトナム戦争をはじめとして無数の地域紛争が行われました。東西冷戦の成熟の結果として、むしろ地域における低強度の紛争が激化した側面も明らかです。したがって、大国二国間による戦略的合意による国際秩序の安定維持が追求されるならば、それ以外の国々はそれを許容できないでしょう。

さらにいえば、一六世紀にスペインとポルトガルが世界を文字通り二分したように、あるいは、一九世紀に列強の間で植民地を分割したように、現代の二つの大国が勢力圏を確定させ、世界秩序をマネージできるような時代ではなくなっています。米ソ冷戦時代ですら、米ソ間で公式な勢力圏に関する合意などは存在していませんでしたし、実際に、そのような合意を形成することは困難だったでしょう。

一方、多国間での協調的な制度構築は、それに参加するいかなる国にも利便をもたらします。そのような取り組みは、とりわけ、オープンな市場経済を円滑化するさまざまな経済の諸制度を通じて、あらゆる国々に便益を提供してきました。中でも中国は、世界貿易機関（ＷＴＯ）やその他の国際金融システムなどの自由でオープンな経済システムの最大の裨益を受けてきた当事国なのです。経済面のみならず、安全保障面においても、潜在的な敵対国同士の安全保障のジレンマも、協調的な安全保障システムの強化という制度構築を通じてしか、軽減されえないでしょう。

そのためには、秩序の礎となっている国際規範の強化と、それを順守する政治的な集団的意志の表明、そして間違いを矯正させる手段の適切な組み合わせが必要です。また、そうした目的を実現するための多国間によるパートナーシップの強化は、その目的を担保するための手続きプロセスとしてきわめて重要です。

ヨーロッパにおいて、地域統合の象徴として、独仏関係の修復から始まった欧州連合（EU）、冷戦を戦った安全保障組織として北大西洋条約機構（NATO）、協調的安全保障システムとして欧州安全保障協力機構（OSCE）という三つの地域機構が重層的に機能していることを想起するならば、アジアにおいても、同様に地域の安全保障にかかわる秩序形成を助ける国際システムを発展させ、それに地域諸国を積極的にエンゲージしていく新たな努力が求められるでしょう。

すでに東アジアにおいては、東アジア首脳会議（EAS）、ASEAN地域フォーラム（ARF）、アジア太平洋経済協力会議（APEC）、ASEAN＋3、拡大ASEAN国防相会議（ADMMプラス）などのさまざまな多国間プロセスが存在しています。こうした多国間のプロセスを、一層制度化していくことが必要とされています。

第七章　海洋国家日本の再構想とアジアにおける秩序形成

明治維新以降の歴史の両義性

　現在、徐々に一極支配構造が多極化していく中で、国際秩序を変革せんとする国家や非国家主体が深刻な挑戦をつきつけているとするならば、日本がこれから果たすべき役割は一層重要なものとなってくることは間違いありません。

　これには空間的な理由と歴史的な理由があります。

　最初の空間的な理由とは、日本の地政学的な位置です。日本海と東シナ海を隔てて中国の東方に位置する日本は、中国がその海洋進出を行う上で台湾海峡を除けば避けることができない場所に位置しているからです。

　第一列島線を越えて第二列島線へと台頭するパワーのベクトル上には、日本の南西諸島が位置しています。南西諸島を越えれば、台湾、バシー海峡を越えてフィリピン、ルソン島へと続く海洋が続きます。この列島線は、近未来の地域の秩序のありようを大きく左右する基軸なのです。同様に、自ら何の資源も有しない島国としての日本は、太平洋とインド洋の双方へと長く伸びる海洋交通路に、貿易と資源の双方を依存してきています。

この地政学的位置は、国際秩序の形成を考える上で、日本に逃れられない責任と重圧を与えています。同時に、それは日本に対して、大陸諸国よりもより自由にふるまえる余地も与えています。私たちは海洋という距離のもたらす責任と自由を享受しているのです。

このような日本の地政学的位置付けは、伝統的に関与と孤立という二つの選択肢を私たちに与えてきました。これは大陸国のように他の相対的に不利な地政学的な位置しか与えられていない国家と比べれば贅沢なものです。

そのような地政学的環境は、戦前には資源を求めて中国大陸や南洋へと向かう冒険主義的な膨張となり、第二次世界大戦における敗戦という悲劇を招きました。戦後には七〇年に及ぶ平和の中で、私たちのアニマル・スピリットを必要以上に弛緩させることにもつながりました。

しかし、すでに見てきたように、私たちの関与なくしては国際秩序の維持も私たち自身の生き残りも困難になりつつあるとすれば、私たちにはありうべき国際秩序の形成のための関与、それも積極的な関与という選択肢を選ぶしかありません。

歴史的な理由は一層明白です。

日本は、明治維新以降の近現代史の中で、ヨーロッパ近代の国際秩序への参画という大きな成功と、自らの力を過信したことによる国際秩序からの放逐という大きな失敗の双方を経験している、世界でほとんど唯一の特異な立ち位置にあるからです。

私たちの歴史には、明治維新以来、文明国の仲間に入らんと「坂の上の雲」を追いかけ、日清戦争と日露戦争を経て一等国となった日本と、大東亜共栄圏という特殊な秩序形成を夢に抱き周辺地域を植民地化したものの、自らの非力によって太平洋戦争に敗れた日本という正負の両義性が克明に刻まれています。第二次世界大戦の敗戦という虚無から立ち上がり、七〇年をかけて改めて戦後のリベラルな国際秩序を自らの努力と貢献で支えてきました。私たちは、近代の類まれなる成功と国家喪失とも言える失敗の後で、新たな成功を改めて摑んできたのです。

「天下の安危、近日に逼れり」

そして今、その私たちが依拠する秩序が危殆に瀕しようとしています。

五〇年も前、高坂正堯は『海洋国家日本の構想』において、当時の日本と日本人が抱える問題点が、国内エリートたちの視野の狭さ、そして国民全般の視野の狭さにあるとして、次のように指摘しました。

> 問題は……国内のエリートたちの視野の狭さであり、国民全般の視野の狭さなのである。その問題性はいまだ重大な形をとって現われてはいないが、すでにいくつかの兆となってわれわれに警告を与えているのだ。[29]

そして、将来、生じうる国際政治の現実として、アメリカの傘が日本にとって有効でなくなったときにこそ、この視野の狭さが問題となることを次のようにも予言しています。

端的にいえば、日本は第七艦隊の盾に守られた島国となりつつある。それは、アメリカの「力」の傘が日本をおおっているうちはまだよい。しかし、その傘が有効でなくなったとき、それは問題となるのだ。日本は海洋国として独自の力を持たなくてはならないのに、それを持っていないからだ。[30]

私たちは、国際秩序の変革の荒波を、誰よりも真っ先に受ける境界線上に改めておかれていることを覚悟せねばならないでしょう。この荒波を静め、穏やかな海へと転換させるというミッションには、私たちの運命ばかりか、その他の国々の運命、すなわち国際秩序の行方がかかっているからです。

ここで江戸幕府崩壊が迫る中、勝海舟が吐露したその心境と心意気を思い起こしてもよいでしょう。慶応三年（一八六七年）丁卯一二月一五日の「海舟日記」には次のように記されています。

嗚呼天下之安危、近日に逼れり、今日に到て、また小忌機を避くるに処あらむ、[31]

危機が迫りくる中で、このような危機を避ける方法もあろうと、諦観の中で覚悟することでしか、私たちの未来は拓けないのです。

長らく規範となってきた近現代の国際秩序が、中国を含むアジア諸国の台頭によって、これまでとは異なる姿になるおそれがあるとすれば、アジアの近代化の先頭を率先して歩んできた日本が、その中心的な役割を今一度担うのは当然でしょう。

また、その問題の中核には、日清戦争以来、国際秩序をめぐる日中間の認識の差異、より正確には近代の国家の成り立ちと歴史が鋭く交差しているという深刻な問題が抜き難く存在することを真摯にふまえる必要もあります。同時に、世界におけるアジアの比重が一層高まろうとしている以上、アジアにおける新たな秩序形成をめぐる物語こそが、国際秩序全体の変革の主要な輪郭を形成することの意味をよく嚙み締める必要があります。そこには、アジアの過去の歴史と世界の未来の物語が抜き差し難く絡まっているからです。

国際秩序を基礎づける正統性や、パワー、利益、価値、制度といったすべての要素に関して、私たちは細心の注意とそれらの強化のために死力を尽くす必要があります。すなわち、その秩序変化にあたって近未来の波乱が最小限となるように、全力を注ぐ他はありません。

結局、戦争と平和の物語は、国際社会の秩序変革をめぐる物語そのものなのです。そうであれば、戦争に反対し、平和を希求する私たちは、ありうべき秩序をその他の国々とともにつくりだすという難事から目を背けるわけにはいかないのです。

海図を描く

では、私たちが最初に描くべき地図はいかなるものになるでしょうか。

それは、海図とならねばなりません。

その海図は、私たちの乗り出そうとしている航海にとってなくてはならないものです。海図には、荒波を越えようとする私たちの航海を助けてくれる国々や、逆に私たちの自由な航海を妨げる暗礁も書き込まれることになるでしょう。

なぜなら、世界の海洋において、台頭する中国から打ち寄せる小波が、次第に大きく立ちはじめているからです。アジア太平洋からインド洋、そして中東湾岸に至る海域において、国際政治の大波がそれぞれの地域の海岸線を、その地形を変えるほどに穿とうとしています。

中国人民解放軍の、この地域におけるパワー・プロジェクション能力は、急速に強化されています。二〇一三年には中国人民解放軍の海軍は、すでにそれまでで最高の数の遠洋航海と演習を実施するようになりました。中国海軍による海洋での演習は、第一列島線を越えて西太平洋にわたっています。[32]

東シナ海では二〇一二年九月以降の張り詰めた緊張が継続する中で、南シナ海ではむしろこれまでになかったような緊張が高まり始めています。これに対応して、地域や国々は、次第に大きくなるこの大波を避けんとするか、それを乗り越えんとさまざまな対応を見せはじめています。マレーシアのヒシャムディン国防相は、二〇一五年五月に開かれたシャングリラ・ダイアローグ（アジア安全保障会議）で次のように指摘しました。

南シナ海問題は古い問題です。それには関係国の尊厳と顔がかかっています。もし我々が注意深くなければ、歴史上とはいえないにせよ、我々の時代における最も恐ろしい紛争にエスカレートするおそれがあるのです。

たとえば、これまで様子を見ていたインドネシアも、中国が主張する九段線の海域が、インドネシアの領土であるナツナ諸島の排他的経済水域と重なることを憂慮し、同諸島に空軍を中心とする軍事展開を強化すると決めています。まさに、このような変化は、シェークスピアが『テンペスト』で言及した、「海の作用による深い変化」(Sea Change) とでも呼べるものでしょう。

そのような海洋をめぐるパワーの変化の只中で、私たちはこの変化に対してどのように対応すべきなのでしょうか。すでに見てきたように、わたしたちの戦いは、この広大な海洋——すなわち沿岸であれ、列島沿いであれ、その海面下であれ、あるいは洋上の空域であれ——において生起しています。この海洋を語らずして、私たちのサバイバルは確保しようがないからです。

元米国防総省日本部長のポール・ジアラは、サハリン、グアム、シンガポールを結ぶ三角形の広大な海洋を「中国の海洋突角陣地」(China's Maritime Salient) と呼んでいます。[33]「突角陣地」とは、地上戦における戦闘の戦線をなすもので、敵の陣地に突出した部分のことをいいます。

無論、突角陣地は陸戦の比喩であり、本来、海戦においては、陸戦のような戦線は存在しません。しかし、もし中国が九段線という特異な主張において、南シナ海のほとんどを事実上自らの「領土」と考え、東アジアの海を陸地の延長として捉えているとすれば、ジアラの指摘する陸戦の比喩としての突角陣地は、有益な示唆となるかもしれません。

通常、平時における海軍の作戦において前方展開という言葉で呼ぶ海上での行動に、陸上で行われる戦闘行動と同様な意味合いが生じてくるからです。この意味において、この中国による海洋の突角陣地について考えることは、私たちにとっての優先課題になります。

この中国の海洋突角陣地の中心部の左手には、日本の南西諸島、台湾、ルソン島、ミンダナオ島、ボルネオ島と続く第一列島線が、また、右手には日本列島の中心から、小笠原諸島、グアムへと続く第二列島線が続きます。この点で、とりわけ第一列島線につながる国々の地政学的な位置こそが重要なのです。米シンクタンク・戦略予算評価センター（CSBA）所長のアンドリュー・クレピネヴィッチは、「列島防衛」（アーキペラジック・デフェンス）の重要性を指摘し、日本を中心とする列島線の防衛線としての地政学的意味合いを強調しました[34]。

第一次世界大戦においては、英国がドイツ海軍の海洋への進出を、北海への出口を封鎖することで、その力を削いだことを想起する必要があります。すなわち、このアジアのアーキペラーゴ（海洋群島）とその周りに位置する海洋の自由を、地域諸国がいかに守っていけるかどうかにこの地域の平和と安定が依存しているのです。こうしたグローバル・コモンズ（国際公共財）としての海洋秩序を維持することが私たちにとって核心的なミッションとなるでしょう。

私たちは大きな海原を前に大きく視野を開かねばなりません。

世界第六位の「海洋国土」を有する日本は、国際秩序の維持のために高く波立つブルーウォーターに向けて旅立たねばならないのです。明治維新をもたらした先達たちの「開国進取」の精神を私たちは今一度取り戻す必要があるのです。

日本の新たな海洋戦略

私たちは、台頭するリヴァイアサンを前に、日本にとって最もふさわしい海洋戦略（マリタイム・ストラテジー）を編み出さねばなりません。

そのためには、国際社会において日本が果たすべき役割と限界を見据え、国際秩序を創出する建設的なパワーとして、自らの位置付けを再構築する必要があります。この挑戦が目指すべき「坂の上の雲」は、ありうべき国際秩序そのものにあります。異なる価値と正義を有する国家群が平和裏にエンゲージするための共通のルールを見つけ、平和裡に秩序を創造していくことが、私たちに課せられた挑戦なのです。

そのために海洋戦略を私たちは見つけることができるかどうかが問われているのです。

二〇世紀初頭に、英国の海洋戦略家であるジュリアン・コルベット卿は、英国海軍の戦略を、外交や陸軍戦略と結びつけるべきことを提唱しました。[35] 私たちは自らの持てる外交、防衛、経済、文化その他のハードおよびソフト・パワーのすべてを、東アジアの海洋問題を睨みつつ、統合的に戦略化し、そして実際に運用していかねばなりません。それは、共通の目的のために、本来異なる分野の異質な方法を統合していくという意味で、ハイブリッドな戦略となるでしょう。

日米同盟の強化と地域諸国との緊密な連携を基軸としつつ、日本自らの抑止力の向上を全力で目指すハードなアプローチと、リベラルな国際秩序の中に異質な他者をも漸次包み込んでいくソフトなアプローチを重層的に組み合わせていく必要があります。

同時に、日本に残されている時間はそれほど多くないことも、改めて自覚する必要があります。なぜならば、中国の台頭はそれほど急速だからです。残念ながら私たちには悠長にかまえている暇はないのです。二〇二〇年代のいずれかの時点で、中国経済の規模が、米国のそれを上まわると想定すれば（中国の軍事費の伸びが、これまでと同様にそのGDP成長率にほぼ比例したものであるという前提をおくならば）、今後の中国の軍事的な台頭や、海洋への軍事的および非軍事的プレゼンスは、私たちが今、想像する以上に速い速度で大きくなると見られるからです。

海洋国家日本の課題とは何か。それは一言でいえば、自らの足で立つことです。

今、私たちに問われているのは、日米同盟の強化と並行して、日本自らによる切れ目のない抑止能力をいかに高めることができるのかということです。

これは、中国による接近阻止・領域拒否（A2／AD）戦略に対して、日本として有効な安全保障戦略を編み出せるかどうかという問題です。それは、現在の日本の防衛戦略において、限られた防衛予算の中で抑止力をいかに効果的に発展させていくことができるかにかかっています。とりわけ、中国による力を通じた現状変更を迫る海洋進出に対しては、非対称的な抑止力を、費用対効果を厳密に検討した上で迅速に強化していく必要があります。

このためには、新たに策定された日米の新ガイドラインの実務的な実施を着実に行うことに加えて、日本としての独自の必要最小限度の抑止力がどうあるべきかについて虚心坦懐に考える必要があります。

日本独自の抑止力の展開という意味合いで、たとえば長距離の巡航ミサイル能力の獲得は重要な論点です。無論、そうした物理的な能力が真の意味を有するには、標的を把握するインテリジエンス能力があって初めて可能となることを深く認識する必要があります。この点で、物理的な能力以前に、総合的なインテリジェンスに秀でることなくしては、自らの足で立つことは夢物語でしかありません。

また、日本の非対称能力を象徴する潜水艦による戦闘能力の向上は、日本の非対称能力の根幹をなすものです。[36]この点で、潜水艦建造のコストが将来的に課題となるのであれば、新たな防衛装備移転三原則の下で、同盟国や準同盟国との間で、コスト負担を平準化する方策を検討することも視野に入れねばなりません。海上自衛隊の伝統的能力とも言える掃海能力の積極的活用や、新型の一二式地対艦誘導弾システムの配備に関しても、有事における海上封鎖の可能性をふまえれば改めてその有用性が増しているのです。

これらのシステムの強化は、中国の第一列島線を越えて西太平洋に進出する戦略に対抗して、我が国の南西諸島のチョークポイント上における接近阻止・領域拒否（A２／AD）戦略として効果的なものとなるでしょう。また、国際的にも有数の力量を持つ海上自衛隊の掃海部隊は最も有益な役割を担うでしょう。

さらに喫緊の課題として、軍対軍の対峙ではない、いわゆる「グレーゾーン」における低強度の紛争への備えを速やかに強化する必要があります。この点で非軍事的な能力である海上保安庁の能力および体制の強化と海上自衛隊との切れ目のない連携について真剣に検討する必要があります。[37]海上保安庁と海空自衛隊とのシームレスな運用に向けた準備の必要性も指摘できます。この点で、中国においても、中国海軍と中国海警局との共同演習や統合運用がそれなりに進んできているという事実も考慮する必要があるでしょう。

現在、中国は、中国海警局を中心に、二年で二〇隻に及ぶ大型船舶を建造しようとしています。中国海軍より中国海警局に移管する艦艇などを含めれば、今後数年以内にも、日中間の海洋法執行分野における一〇〇〇トンを超える主要な艦船数の大幅なギャップが生じることが予想されています。また、中国海警局に配備される一万トンクラスを超える巨大な公船二隻には、通常の海洋法執行機関では搭載されない海軍艦船並みの七六ミリ機関砲が搭載され、必要ならば体当たり攻撃を行うとまで報道されています。[38]

これまで見てきたように、低強度の紛争以下の非軍事的な紛争や、心理戦、法律戦、輿論戦からなる三戦などの政治戦やハイブリッド戦争が私たちの直接的な脅威となるのであれば、ますます「自らが立つ」ことによってしか私たち自身を守る術はないことを認識する必要があります。

米中の「新型大国間関係」と日米同盟

日米同盟に生じつつある戦略的な課題は、大きく分ければ三つあります。

一つは、米中関係が戦略的な安定性を志向するとすれば、そのような中で、日米同盟をいかにマネージし、強化できるかという点です。

なぜなら、米中が戦略的安定を志向する状況においては、場合によっては地域諸国の権利や権益が、米中間の戦略的安定性のために犠牲とされる可能性を構造的にはらむジレンマにおかれるからです。あるいは、米国による戦略的安定への志向を米国の弱みと見て、これを意識的に搾取しようとする可能性もあるでしょう。

たとえば、二〇一三年一一月二〇日にスーザン・ライス国家安全保障問題担当大統領補佐官が、「米中は新型の大国間関係モデルをオペレーショナライズする」と公的に言及した直後の数日後に、中国が東シナ海において防空識別圏を設置した事実には注意を払う必要があります。

この点で、日本による主体的な米国への働きかけが一層重要性を増していることは明らかです。同時に、日米間における緊密な意思疎通が、これまで以上に必要とされているのです。

とりわけ米国内におけるリバタリアンに代表されるような内向きの世論が、中長期的に米国のアジア政策にも負の影響を与えかねないおそれがあります。また、中国の軍事的な台頭をふまえると、中国の近隣諸国や地域の利益が犠牲にされても、最終的には致し方ないとも解釈できる米国内の「現実主義的な見方」[39]に対する、説得力のある反論も必要とされていることを忘れてはなりません。

だからこそ日米政府間の緊密な連携にとどまらず、民主国家、米国における世論への直接、間接的な働きかけがこれまで以上にクリティカルになってきているのです。

二つめの課題は、日本や地域諸国が望むとおり、米国がこの地域において中長期的な軍事的なプレゼンスを維持することができるかという現実的な課題です。

たとえば、米海軍の艦船数は、現在の米国の防衛予算に変化がなければ、将来的に二五〇隻台にまで落ち込むと見られていますが、これは冷戦時代の六〇〇隻艦隊構想の時代と較べれば、いかに冷戦後の米海軍が急速に縮小しているかを示しています。中国の海軍力の急速な近代化と量的拡大と比べるときわめて対照的といえます。

このような中長期的な米中間の軍事バランスの変化が、米国内の議論として「オフショア・バランシング」（クリストファー・レインが提唱した概念で、米国が同盟国等に安全保障上の負担を移動させ、米国自らのコスト軽減を図ることが意図されている）[40]のような内向きの戦略提唱につながっており、有効なアンチテーゼを、日本を含めた地域諸国が積極的に提示していくことが必要不可欠になっています。

この点で、中国によるいかなる軍事的な台頭が見られようと、日本が東南アジア諸国も含めて、地域全体として中国の軍事的台頭に対抗しうる一定の抑止力を有していることを、同盟国に対して明らかに示す必要があることは疑いをえません。

三つめの課題は、米国の核による、中国への拡大核抑止をめぐる戦略的課題です。

中国の核政策をめぐる不透明性が解消されない以上、私たちの安全保障は、究極的には米国の拡大核抑止戦略に依存していることは疑いをえない真実です。中国の対米戦略の観点からは、戦前の大日本帝国と比して、中国はその戦略的縦深性と核保有という二点において、潜在的に明らかな優位にあります。[41]

中国が核の先制使用を行う、行わないにかかわらず、中国が核とその運搬能力を保持し続ける限り、日本の平和が、日米同盟に基づき米国が我が国に提供している拡大核抑止によって担保され続けることは冷徹な現実です。

日米が中国の核戦略をめぐって拡大核抑止戦略に関し緊密な協議を行うことは、通常兵器やそれ以下のレベルのグレーゾーンにおける非軍事的な紛争や摩擦にすら影響を与え得る、必要不可欠な課題であり続けるでしょう。

すなわち、いかにグレーゾーンをめぐるハイブリッド戦略が日本の安全保障にとって重要となりつつあるとはいえ、日米同盟に基づく拡大核抑止戦略が果たしている極めて重要な役割をけっして忘れてはならないのです。

海洋安全保障のための連合の形成

日米同盟を中長期的にも有効に機能させていくためにも、私たちのイニシャティブとして地域諸国との間で有志による連合を形成していく一層の努力が必要となっています。

こうした考え方は、地域諸国を事実上の同盟関係に限りなく近い戦略的パートナーシップの中に取り込んでいくという戦略性に立脚しています。有志諸国によるパートナーシップを、必ずしも軍事的な同盟のみを意味するように狭くとらえる必要はありません。第一次世界大戦の前に大英帝国が構築したロシア、フランスなどとの協商関係が、経済関係をベースにしながら事実上の同盟として機能したことを想起すればよいのです。

現代におけるパワーの間の競合は、軍事面以上に、非軍事面における競争が大きな比重を占めています。だからこそ、経済統合、貿易・投資の増大、文化的紐帯の深まりを含めた、事実上の同盟とも呼べる関係構築を東アジア諸国やその他の国々との間で目指さねばならないでしょう。

さらに、日本では武器輸出三原則等の修正を目指す検討が進められ、二〇一四年四月には、新たに「防衛装備移転三原則」が閣議決定されています。これを踏まえて防衛装備移転三原則の運用指針（二〇一四年四月一日国家安全保障会議決定）も定められました。日本の安全保障に資する海外移転として、海洋における監視能力（マリタイム・ドメイン・アウェアネス）の向上を目指して、日本としてできるだけの防衛装備移転協力を着実に行っていく必要があります。

フィリピン、ベトナム、マレーシア、そして台湾という国や地域は、日本の安全保障にとって今後ますます重要性を帯びることになるでしょう。これらの国や地域は、国際公共財としての南シナ海へのアクセスを担保する主要な三角形です。これら地域諸国と日本は、海洋の安全保障を確保する上で東アジアの「小さなダイヤモンド」となるでしょう。現在、これらの地域諸国間の協力も一層モメンタムを得ています。たとえば、ベトナムとフィリピンの間の外交、防衛当局間の協力は、この数年の間に急速に進んでいます。

両国間では二〇一〇年一〇月二六日に、ベニグノ・アキノ・フィリピン大統領の訪越の機会に、「防衛協力に関する覚書」が署名されています。二〇一一年には、両国の海上保安機関間の海洋安全保障の実施強化に関する合意が、また、二〇一二年三月には、両国の海軍間の実質的な協力を促進する、「相互協力および情報共有の促進に関する覚書」も署名されているのです。

これらの覚書や合意に基づいて、両国間ではハイレベルの交流が継続されており、南シナ海における中国に対する対応をめぐる協力や、違法な侵入に対する情報を含む協力について対話が行われています。もっとも、これらの協力は、いまだ戦闘訓練などを含む共同演習までには至っていません。また、これらの国々の本質的な桎梏は、国や政府全体として、海洋の安全保障に対する意識がそもそも十分でないことにあります。

ベトナムは、中国との間では中越戦争という主として陸上における対峙を迫られた経験からも、陸軍を中心とする守りに重きをおいてきました。また、フィリピンにせよ、微妙な国民の対米意識のために、米国との同盟関係を弱体化させ、スービック基地からの米国海軍の撤退を招きました。この結果、一九九五年には、フィリピン人が「西フィリピン海」と呼ぶ南シナ海のミスチーフ礁を中国に奪取され、その実効支配を失うことにつながっています。さらには、二〇一二年にスカボロー礁の実効支配を中国に奪われたことを、フィリピンの専門家は典型的な抑止理論の失敗と嘆いています。

さらに、二〇一四年三月のマレーシア航空MH370便の消失事件がはからずも明らかにしたとおり、東南アジアのクレイマント・ステイトにおいては、広大な南シナ海に対する海空双方のマリタイム・ドメイン・アウェアネスは、著しく脆弱です。各国の海軍にせよ、海洋法執行機関にせよ、その監視能力が恒常的に及ぶのは、それぞれの沿岸から数海里程度なのです。

すなわち、これら諸国の政府・軍をはじめとする政治指導者が海洋の安全保障に関する意識をより高める必要があります。同時に、これら諸国の海洋の安全保障を担う海空軍および海洋法執行機関の実質的な能力向上を支援していく必要があるのです。彼らの海洋での監視能力の強化を支援することによってのみ、地域全体としての抑止力が醸成されるでしょう。

現在、ベトナムは、二〇一六年までに六隻のキロ級潜水艦をロシアから獲得することになっています。これによってベトナムは、時間をかけて海洋における監視能力を向上させることになるでしょう。また、フィリピンも二〇一二年に改定されたフィリピン軍近代化計画に基づいて、海洋監視能力を向上させるため、旧式の軽武装の艦艇に代え、アメリカ沿岸警備隊で使用されていたハミルトン級巡視船を導入するなど海軍装備品を強化しつつあります。

今後、日本や米国による支援が深まり、ベトナム、フィリピン、マレーシアなどの諸国を含む東南アジア諸国との密接な協力を中核にして、東南アジア諸国全体との協力関係を安全保障面も含めた高次元のものへと成長させ、民主主義や自由主義といった価値を共有する日米豪印の四ヵ国による大きなダイヤモンドとの関係を強化していくことができれば、インド太平洋全体の海洋における安全保障体制は重層的で強固なものとなるに違いありません。

平和裡にいかに秩序を創造するのか

権力は国際政治にとってつきものです。力を獲得したパワーは、自らの力を他国に及ぼし、自らが望ましいと考えるルールを適用しようとします。しかし、そうした唯我独尊的なルールが、すでに数百年にわたって形成されてきた国際秩序の規範や制度と相容れず、他国の反発を招く場合には、そのようなルールを他国に強制することはできないでしょう。

国際秩序も、国内の社会秩序と同様に、現代のリベラルな秩序においては道徳的秩序なのです。その道徳律を破壊すれば、国際社会の秩序も壊れざるを得なくなります。もしこれを放置するならば、これらの規範を犯している国々すらも、そのような規範に基づいて自らの権利を結局は主張することができなくなることについて、私たちは警鐘を鳴らす必要があります。

だからこそ国際秩序を危機に陥らせかねない、規範から逸脱する行為に対しては、これを認めず、異なる見解を多国間の枠組みの中で平和裏に表明させ、合意できるルールを共同で創造することで、意見の相違をマネージする制度を構築することが必要とされているのです。

現在の秩序を平和的な変革へと導いていくためには、私たちを含むさまざまなパートナーとともに不法な行動を阻止し、相手のエスカレーションを抑止する能動的な行動をとるしかありません。そのようなプロセスの中でしか相互共存のために守るべきルールは根付かないでしょう。

一九四七年三月一二日に、ソ連によるギリシャとトルコへの脅威を前に、後にトルーマン・ドクトリンとして知られることになるギリシャとトルコへの米国の支援を確約した、ハリー・トルーマン米国大統領の議会演説は、自由と独立を守ることの意義を次のように強調しています。

世界は静的なものではなく、また、現状（ステータス・クオ）**も聖なるものではありません。しかし、我々は、強制などの方法や、政治的浸透といった言い逃れによる国連憲章違反による現状変更を許容することはできないのです。**自由で独立している国々を助け、その自由を維持するにあたって、米国は国連憲章の原則を尊重する所存です。

ギリシャのサバイバルと一体性がより広い意味できわめて重要であることを気付くには、地図を見るだけで十分でしょう。もしギリシャが武装したマイノリティの支配下に陥落するならば、その隣国であるトルコへの影響は直接的であり、深刻なものとなるでしょう。混乱と無秩序が中東全体に拡がるでしょう。さらには、独立国としてギリシャが消えることになれば、戦争の被害から復旧し、自由と独立を維持せんとしているヨーロッパの諸国に重大な影響を与えることになるでしょう。

平和は必ずしも静的なものではなく、つねにその成立条件が不断に変化するような平和でしかありえません。このような壊れやすい平和を維持するためには、その動的な均衡を保つべく、私たちの不断の努力が必要となります。無論、このような努力を払ったにせよ、新たなパワーの台頭を平和的なものとできるかは、不確かな未来を前にそれほど明らかなわけではありません。

東アジアにおいては、日米中の壊れやすい均衡を、一定の曖昧さをもって長期的に維持していくことのみが、この不安定な平和を確保する唯一の手段となることを認めねばなりません。地域の均衡の不安定さを、曖昧な形でバランスさせていくという、一九世紀のヨーロッパにおいてビスマルクがとった手法を思い起こす必要があります。それはひどく繊細で、限りない「堪忍」が必要な技です。

本来、国際秩序を維持するためには、彼我の謙虚さと自己抑制、そして相互の信頼が必要となります。そのいずれもが双方間の政治指導者と国民において保証されないならば、抑制のきかない相互不信が嵐を呼ぶことになるからです。本来、国家の指導者と国民の双方に求められる、こうした資質をつねに期待できるかどうかは必ずしも自明ではないのです。そうした過酷な現実すらもよく認識したうえで、必死の外交をすすめねばなりません。

第八章　長期にわたる競合を生き抜く

長期的な競合戦略と費用賦課戦略

第二次世界大戦後、長期にわたってソ連と米国との間で続いた冷戦と、それに対して検討された数々の戦略は、コンテキストが異なるとしても、二一世紀においても学べることが実に大きいことを改めて想起する必要があります。最初に指摘すべきなのは、一九八〇年代の米ソ冷戦において検討された「長期的な競合戦略」（Long-Term Competitive Strategy）です。

米国の国防戦略を長年にわたり担ってきた伝説の戦略家アンドリュー・マーシャルが、一九七二年にランド研究所において上梓した『ソ連との長期的競合——戦略分析のための枠組み』と題された古めかしい報告書のエッセンスは、いまだ有益な示唆を与えています。

その報告書の中で、マーシャルは、冷戦におけるソ連との対峙に長期的な競合という概念の下で取り組むべきことを指摘しました。この考えは、今から見れば、現代の国家経営戦略といってよいかもしれません。

冷戦下の米国では、一九七三年にシュレジンジャー国防長官によって国防省内にネットアセスメント局が設置され、アンドリュー・マーシャルがその局長に任命されています。このネットアセスメント局がリードをとり、一五年から二〇年にわたる対ソ連戦略イニシャティブの立案のために、国防相に直接その検討結果を報告する体制がとられました。一九七〇年代の初頭、シュレジンジャー米国防長官は、その任務を開始するにあたって、「抑止および一層持続的な平和に必要な軍事バランスを確保し、潜在的な敵との間でより一層競争的な立場になること」を意図したと述べています。

マーシャル局長は、当時、ソ連に対峙する上で、米国がすべての分野において秀でるという、それ以前の冷戦戦略を継続することはもはやできないと見て、ソ連の弱点を特定するとともに、むしろ米国が持続的に競争上の優位を得ている分野において戦略兵器競争を進めようとしたのです。

この競合戦略にはもうひとつ重要な概念が含まれています。それは、競合する相手に対して、国家として負担すべき費用を増大させる「費用賦課戦略」(Cost-Imposing Strategy)という考え方です。費用賦課戦略も、ソ連に対抗するための冷戦期の米国における抑止理論の中で考えられたものの一つです。その理論的基礎は、一九六〇年代にトーマス・シェリングが、敵対国に対する有害な行動の費用を高めて、敵に攻撃を自制させる重要性を強調したことに由来しています。[42]

これらの戦略概念は、主として平時における軍事分野の競合をいかに勝ち抜くかという観点から議論されてきたものですが、むしろ軍事分野に限らず、非軍事分野も含めた国家戦略として参照することが可能です。ソ連との長期的対峙を生き抜く上で、米国の国防戦略として提示された長期的な競合戦略とこれに含まれる費用賦課戦略という戦略的枠組みは、現代においても十分に通用するに違いありません。

これらの大きな戦略的枠組みの他にも、拒否戦略、敵の戦略への攻撃、敵の政治システムへの攻撃といった戦略が現代の米国の戦略家たちから示されています。これらの戦略のいずれも、長期的な競合戦略と費用賦課戦略の中で読み込むことが可能です[43]。

すなわち、戦争でもなく、平和でもないという長く続く特異な競合において、長期的な優位を保つということが、私たちにとっての戦略的課題であるべきです。

非対称戦略

米国の中国学者で、ランド研究所や米国政府において、長らく中国を分析してきたマイケル・ピルスバリーは、その著書『一〇〇年のマラソン』[44]において、中国国内の強硬派が、中国共産革命の一〇〇周年となる二〇四九年までに一世紀におよぶ屈辱の仕返しを行い、世界の経済、軍事、政治の指導国として米国に代わるように中国の指導者に助言を行ってきたと指摘しています。

ピルスバリーによれば、中国の計画は、「一〇〇年のマラソン」と呼ばれているといいます。「その目標は、過去の外国による屈辱を浄化する」ことにあり、「中国は、自国にとって公平な世界秩序、すなわち米国の世界的な覇権から自由な世界を樹立し、世界大戦の終わりのブレトン・ウッズとサンフランシスコで創設された米国優位の経済・地政学的世界秩序を改変する」ことが意図されていると断言します。

このような中長期的にわたる世界秩序が中国によって意図されているのであれば、私たちも長期的な競合にサバイバルすることを目指す必要があります。ある領域において一時的な優位しか得られないようなサバイバル・ゲームにおいて、総合的な比較優位の確保を通じて生き残りを図るのです。[45]

もう一つの戦略である費用賦課戦略の目的は、簡潔に言えば、あらゆる競合において、彼我の間で、こちらにかかる費用を低下させ、相手にかかる費用を増大させていくことにあります。すなわち、この原則に適う政策と言動を最大限に行うことです。拒否戦略や相手の戦略や政治システムへの攻撃はこの費用賦課戦略の一環に位置づけることもできます。いずれの戦略においても、相手が競合できない、自らの優位を獲得するために、相手のコストが増す一方で、自らにかかるコストが相対的に減るような政策を持続的に実施していくことなのです。

たとえば、米国であれば、冷戦時代に追求した「オフセット戦略」を軍事分野において新たに実施することも視野に入るでしょう。[46]これは、相手の軍事技術を圧倒的に凌駕するような革新的な最先端の軍事技術を導入することによって軍事力の質を向上させ、量において勢力を誇る相手が対抗することとすら諦めてしまう事態をもたらすことを意図したものです。これは軍事分野、非軍事分野の双方において追求することが可能です。

もし、それほどの技術革新を起こすための資源を財政の制約から投入できないのであれば、より先鋭な「非対称戦略」を着実に進めることが日本にとっては、より望ましい選択肢になります。人口減少の下で経済成長が鈍化し、資源が一層限られていく前提下においては、私たちの長期的な戦略を一層先鋭化させていく必要があるからです。

クラウゼヴィッツの知恵を借りるならば、国家が軍事的に非対称的な状況におかれる場合には、二つの方法が有益です。第一の方法は、有事になってもけっして相手が最終的に勝てないということをあらかじめ相手に認知させることです。第二の方法は、有事になれば計り知れないコストが生じることを相手に認識させ、相手が戦争を起こさないようにしむけることです。

最初の方法論に忠実に従うならば、こちらが重視している自らのエリアへの相手のアクセスをけっして許容しないという、中国が採用している接近阻止・領域拒否（A2／AD）戦略は、私たちにとっても実に有効な戦略となります。なぜなら、このような戦略こそが最も費用対効果の上でも望ましい戦略だからです。さらには、台湾の防衛戦略について一部の識者より、「やまあらし戦略」を提示されていることも、将来的に参考となりうるでしょう。[47] これは、大陸中国との間にある圧倒的な軍事バランスの差を前提に、台湾がとるべき戦略として提示されたものです。

それは、ローコストな方法で一定期間にわたって大陸からの侵略や封鎖といった行動に耐え、同盟国による支援を待つという戦略について検討したものです。この戦略においては、軍事的および非軍事的インフラをより強固な抗堪（こうたん）化されたものとするとともに、移動型の沿岸防衛巡航ミサイル（CDCM）や多連装ロケットシステム（MLRS）、沿岸封鎖のための沿岸における機雷敷設（Surf Zone Sea Mine）といった方法論が提唱されています。

第二の方法は、より相手の「懐」にまで介入することを意図することになります。

相手の弱点を衝くことが最大の費用賦課となります。もし相手が国内に言論の自由への抑圧や、経済社会的な国民の不満などのさまざまな矛盾を抱えるのであれば、その矛盾が極大化するような行動を状況と必要に応じて行えばよいという結論になるでしょう。[48] 消極的な方策をとるのであれば、少なくとも相手の矛盾がなくならないように、不要な協力を拒否することも、もう一つのオプションになります。競合する相手の出方次第でこちらの行動パターンを柔軟に変化させればよいのです。

過度に積極的な方策に訴えることは、相手の態度を硬化させるおそれがあるだけに慎重にすべきですが、相手が積極的に有害な行動をこちらに対し行うのであれば、そのような対応もやむを得なくなるでしょう。相手の行動を鏡として是々非々をもって毅然と行動することが基本となります。

無論、このような国家戦略を一ヵ国のみにて追求しても、その効果は必ずしも十分ではないでしょう。日本と同様の意思を有するさまざまな国々との間でこのような戦略を共有して共通の行動を粘り強くとっていくことが、その戦略の成功のために必要不可欠です。

私たちの課題は、次のように整理することができるでしょう。

第一に、軍事および非軍事の多分野にわたる長期の競合において、領域横断的に総合的な比較優位を確保すること。

第二に、核のようなハイレベルのエスカレーションからグレーゾーンに至る紛争までの切れ目のない抑止力を、それぞれの段階に応じて強化すること。

第三に、さまざまな国々や地域、あるいは非国家主体との、軍事同盟から経済協定に至るまでの二国間から多国間にわたるさまざまなパートナーシップを拡大、深化させること。

第四に、国際社会の平和と安定を確保するために、国際社会におけるリベラル秩序を引き続き発展させ、民主主義や自由主義、法の支配、人権人道といった普遍的価値を認める国家間のみならず、そのような価値を認めない国々にも普遍化させていくこと。

これらの目標の追求にあたっては、人口減少を背景とする社会保障費増大などの経済社会問題から生じる資源制約の下で、戦略的な優先順位をつけることが大きな課題です。

まず、第一の課題において重要な点は、わたしたちに迫られているのは、狭義の意味での防衛強化のみではけっしてないということです。それは、軍事、非軍事を問わず、さまざまな領域にわたるものになります。それも、つねにそれぞれの領域での優位を確保できるように、持続的なイノベーションを起こしていくために、私たち自らの強靱で持続可能なダイナミズムが試されているのです。

この目標に向かうためには、競合する相手に対して、費用賦課を増大させるような意図的な戦略を組み立てることが必要不可欠となります。しかも、そのような戦略を、国家のみならず国全体の体制の中に組織化し、日常的に実践する必要があります。私たち自身の血と化し、肉と化すべき恒常的な取り組みが必要不可欠なのです。

戦争と平和の間のグレーゾーンが際限なく拡がる場合に最も必要とされるのは、「政治戦」(ポリティカル・ウォーフェア)です。ソ連との冷戦を予見したジョージ・ケナンは、一九四八年五月四日の政策企画メモにおいて、次のように記しています。

政治戦とは、平時におけるクラウゼヴィッツのドクトリンの論理的適用である。幅広い定義によれば、政治戦とは、国家目的を達成するために、戦争に至らない、国家の指揮下にあるすべての方法を活用することにある。このような作戦は、公に行うものと秘密裏に行うものの双方が含まれる。それらは、政治的な同盟やマーシャル・プランのような経済政策、ホワイト・プロパガンダから、秘密裏の外国勢力に対する支援、ブラックな心理戦、敵性国家での地下における抵抗勢力への支援すら含まれよう。

米国陸軍特殊作戦コマンドは、二〇一四年九月にその創設二五周年を記念して、「対抗非通常戦」(Counter-Unconventional Warfare)と題する白書を刊行しています。その中において、このような政治戦を実践するためには、軍のみではなく政府全体として取り組むべきことが強く推奨されています。

そのため、国家安全保障局の下に秘密作戦部局を設置し、国務長官に報告責任を有する局長を任命し、国務省と国防総省のスタッフがその任務の遂行にあたるというジョージ・ケナンの戦略面でのアイデアを強調しています。これは最前線で対テロ作戦や対反乱作戦に従事してきた現場の軍人たちが、もはやこれまでの伝統的な戦い方をもってしては、ハイブリッド戦争のもたらす新しい現実に対応できないことを確信していることの現れなのです。

この点に関して、第二次世界大戦においてドイツが敗北した直後に、戦後の西ドイツの情報機関を構想し、西ドイツの連邦情報局（ＢＮＤ）の初代長官となったラインハルト・ゲーレンはその著書の中で次のように指摘しています。

わたしが学んだ教訓は、現代の政治や戦争では心理的、政治的要素を圧殺することはできないこと、そしてこれを適時かつ十分に考慮せず、あるいは現代戦争の性格を誤解するならば、国家がその軍隊にいかに多大な費用を投じようとも、それは無益な浪費となり、いっさいの犠牲もむだになってしまうということである。クラウゼビッツは戦争は「他の手段による政治の継続」だと書いたが、レーニンはこの命題にまた次のような添え書きを加えた。「**平和とは、他の手段による戦争の継続にすぎない**」。

これは政治家だけでなく、軍人にもかかわる問題である。軍人や政治家は、武力紛争が現実に発生したときだけでなく、それに先立つ平和の時期にも、その政治的意義に関心を持っていなければならないのである。[49]

政治戦を進める上で最も重要なのは、実は真実を語ることなのです。

それは、事実を見つけ万人に明らかにするという、最もシンプルな方法です。この方法が最も効果的になるのは、とりわけ世界が虚構の言説で塗り固められようとしている時です。なぜなら、不確実性が高まれば高まるほど人は確かなリアリティを求めるからです。リアリティに近づくためには、虚構の言説を一枚一枚剝がしていくことが最も確実な方法となるのです。

南シナ海に中国が設置した大型掘削装置をめぐる争いのすべての詳細をベトナムが記者会見で詳細に発表したり、あるいは、フィリピンが仲裁裁判所に南シナ海の島や岩、環礁をめぐる法的解釈について訴えたりすることのいずれも、対外広報戦略や法律戦という以上に、事実をめぐる熾烈な戦いとして捉える必要があります。

事実は他者に知らされ、認知されなければ、政治的現実にはなりません。

虚偽からなる「ブラック・プロパガンダ」に対して、事実を見出し、これを皆に知らせ、認めてもらうという地道な作業を行う必要があるのです。南シナ海の七つの礁で中国が短期間に実現した人工的な埋め立て工事の実態も、衛星写真や航空写真を通じて世の中に知らしめることがなければ、その埋め立て工事の国際法や安全保障上の意味は誰にも共有されることはなかったでしょう。

欺瞞戦略

第二の目標において、最も重要なのは、戦争をせず、しかも平和を保つことです。

それは居合道の言葉を借りるならば、鞘の中で決する戦いです。すなわち、鞘から真剣を取り出した途端に負け戦となるような、特異な戦いです。潜在的な紛争が熱い戦争に転化しうる、あらゆるエスカレーションを徹底して効果的に抑止することが、その命題なのです。それには、垂直的な次元の切れ目のない抑止力と、水平的な次元での切れ目のない抑止力の双方が必要となります。

垂直的な次元というのは、核戦略から通常兵器、そして軍事紛争に至らないグレーゾーンの競合に至るまでの、最上位から最下位に至る切れ目のない抑止力の構築のことです。最も高いレベルにある核戦略において、同盟国との信頼とより緊密な協議に基づく拡大抑止をいかに長期にわたって確保できるかが最大の鍵となります。また、海上保安庁に代表される海洋を守る海上警察力の相対的な規模の維持と、その練度のさらなる向上は、低強度の紛争の抑止にとってきわめて重要です。

もう一つの水平的な次元というのは、異なる戦闘空間すべてにおける抑止力という意味です。具体的には、陸、海、空、サイバー、宇宙といった主要な五つの領域における比較優位を同盟国とともに確保していく必要があります。特に、サイバーや宇宙における抑止力の構築は端緒についたばかりであり、これらの分野における急速に増大するリスクを前に、全力でこれにあたる必要があります。

もっともサイバーや宇宙といった空間における抑止力構築は、容易なものではありません。たとえば、サイバー・セキュリティは、主体が不明の脅威である以上、独立したインテリジェンス機関による恒常的かつ積極的な探索を含めた取り組みがなければ、日常の安全さえ確保できない状況にあるからです。

この点で本格的なインテリジェンス機関の活動や積極的な政治戦、情報戦の展開は、国家の早期警戒能力を向上させ、結果として紛争のエスカレーションを能動的に抑止する、最も費用対効果の高い方策になるでしょう。また、現代においては、ビッグ・データを解析し、これを国家の行動に役立てるという最先端技術に裏打ちされたインテリジェンスが主流となりつつあります。残念ながら、この分野の死活的な重要性への認識は不十分きわまりなく、意識的な取り組みもいまだ端緒についていません。

一方で、彼我の間にパワーの極端な差がある場合や、強敵の存在のために国家が存亡の危機に立たされる場合には、往々にして特殊な戦略をとらざるをえなくなります。欺瞞戦略（Deception Strategy）は、そのような窮地において起死回生のチャンスを与える唯一の方法となります。

欺瞞戦略は作戦とインテリジェンスの双方が交わる極限に位置付けられます。『君主論』でニコロ・マキアベッリが説く、「欺瞞によって勝てる場合には、けっして武力によって勝とうとするべきではない」という真理は、孫子の兵法と同様に普遍的です。

歴史上、欺瞞戦略を組織的にかつ高度に洗練された形で繰り広げたのは、第二次世界大戦の始まった一九三九年から四〇年にかけての、ナチス・ドイツの優勢な攻勢に対するイギリスとすることに異論はないでしょう。ロンドン中心部に対するドイツ空軍による焦土戦術のため、イギリスは国家の存亡の危機に立たされます。強者の繰り出す攻勢に対して、弱者はいかなる戦略をとるべきか。「兵は詭道なり」がその答えなのです。

欺瞞戦略がとられたのは、戦争開始初期において、戦力上の比較優位に必ずしも自信を抱けない国家、イギリスが頼らざるをえなくなった、エキセントリックな英国紳士たちが発揮した能力の偶然の賜物です。特に、「ダブル・クロス・システム」と呼ばれるダブルエージェントを通じた欺瞞情報の活用は最も効果的なものでした。

このダブル・クロス・システムの運営に采配を振った二〇委員会事務局長のジョン・マスターマン卿が戦後直後に書き上げたマスターマン報告書と呼ばれる一冊の書物は、マスターマン卿が将来の戦争に立ち向かう人々を強く意識して書き上げられています。マスターマン卿は次のようにいいます。


もし戦争がクラウゼヴィッツの言うように「他の手段による単なる政策の継続」であるとすれば、平和は、不幸なことに、しばしば単なる潜在的戦争の状態であるということもまた、同様に真実である。防諜活動は継続的な過程、戦時と同様、平時にも持続する活動でなければならない。（ジョン・C・マスターマン『二重スパイ化作戦』、武富紀雄訳、河出書房新社、一九八七年）

第二次世界大戦下のイギリスは、敵の組織を籠絡し、自らの計画と意図を偽装し、敵に送る情報によって敵を欺くという欺瞞戦略の数々によって、大きな戦果をあげました。

ダブル・クロス・システムが果たした最大の貢献は、ノルマンディー上陸作戦に関して、その上陸予想地点をパドカレー（ドーヴァー海峡地域）であると見せかけた欺瞞作戦にありました。具体的には、イギリス南東部における観念上の兵力の結集をドイツ軍に信じ込ませたのです。そしてドイツ側は、パドカレー地域攻撃は必ず実行されると思い込み、パドカレー地域に近い地点に一部の師団を派遣するとの判断を行ったのです。

リアリズムだけでは優位は保てない

第三と第四の点は、もっぱら外交が舞台になります。それは、最も洗練され、先鋭化された外交のみが唯一の主人公として、その役回りを引き受けられるような舞台なのです。英国の外交官アーネスト・サトウは、外交を定義して、「外交とは、独立国家の政府間の関係の処理に、知性と思慮深さを用いることである（Diplomacy is the application of intelligence and tact to the conduct of official relations between the governments of independent states）[50]」といいましたが、真の「知性と思慮深さ」こそが、私たちの頼りとなるでしょう。

国際政治を古典的なリアリズムの視点のみから見れば、軍事力を中心とする勢力均衡が依然として基本原則であることには変わりはありません。しかし、すでに見てきたように戦争の態様が変質してしまった今日、勢力均衡の本質は、軍事的な同盟ばかりではなく、政治、経済・社会、人的交流などの幅広い協力関係の構築にあります。

暴力の影が色濃くなる中で日々刻々と変わる状況に応じて、俊敏かつ創造的な外交の展開のみが、こうした幅広い協力関係の構築を担保しうるのです。これまで同盟関係を結んでいなかった国々との間でもこうしたパートナーシップの構築が問われています。この点で、国家としてのイデオロギーの違いや距離の遠さ、相手の大小すらも、そのような連携を形成する上では二義的なものになります。むしろ、そこでは「遠交近攻」の精神こそが必要不可欠なのです。

このようなパートナーシップは、国家を超えて、NGOやメディアなどのさまざまな非国家主体や、国際社会に影響力を有する、あらゆる個人に及ぶべきものとならねばならないでしょう。こうした組織、個人のソフト・パワーこそが現代の外交力を基礎づけているからです。

リベラル秩序の根幹にある制度や規範の創出と普遍的な価値の共有は、国際社会の中長期的な平和と繁栄にとって必要不可欠な要素であることを私たちはこれまで以上に深く認識する必要があります。なぜなら、勢力均衡に基づくリアリズムだけでは、この長期的な競合において私たちの優位が保てるかどうかわからないからです。軍事力の多寡は基本的には経済の伸びに比例します。彼我の軍事力の差が非対称的になるまでに拡大するとすれば、勢力均衡のみに拘泥していては、時間は私たちの味方にはなりません。

むしろ、制度や規範の積極的な創出と普遍的価値の共有を長期的に推し進めることは、競合する国家に対して最も深刻な費用賦課戦略となるでしょう。また本来、長期的に台頭する国々の体制が、リベラルな秩序を受容していくならば、パワー・トランジションもより円滑なものとなりうるのです。

最後に重要なのは、この長期的な競合におけるサバイバルには、いささかも猶予はないということです。また、私たちの選択肢の幅が時と共に一層狭くなっていることにも気づく必要があります。そのような状況においては、いささか適切さを欠く決定も、あるいは少しでも誤ったタイミングでの決断も、いずれも致命的な結果をもたらすでしょう。

私たちは、競合するそれぞれの領域ごとに、あるいは他者とのパートナーシップの組み方によって、競争優位（優劣）が変化する、不安定な状況におかれているのです。現状に安住することは、たちまち死を意味するでしょう。国際秩序の激動の中では、変化する者のみが生き残ることができるのです。

（本書におけるいかなる見解も、筆者個人のものであり、筆者の所属する組織の意見を代表するものではない）

---

1 Robert Gilpin, War and Change in World Politics, 1983

2 三相の異なる世界との対峙については、福田潤一世界平和研究所研究員との対話に基づく

3 Elizabeth Nel, Winston Churchill by His Personal Secretary, 2007, p.61

4 Franklin D. Roosevelt, Radio Address, February 23, 1942, Fireside Chats, Franklin D. Roosevelt Presidential Library and Museum Digital Archives, www.fdrlibrary.marist.edu

5 ニコラス・スパイクマン『平和の地政学』、奥山真司訳、芙蓉書房出版、二〇〇八年、一〇七頁

6 たとえば以下を参照。Futoshi Matsumoto, The World Order and a New 'Behemoth', Asia-Pacific Review, Vol.22, 2015

7 本書では、政治目的のためにイスラムを活用するイデオロギーとその運動を、「イスラム主義（Islamism）」として定義している。一方、手段として暴力に訴えることを容認するイスラム主義を「ジハード主義」、コーランへの厳格な原典回帰を説くイスラム主義を「サラフィー主義」と呼ぶ

8 ダーイシュとの闘いの戦略的重要性については次の拙稿を参照。Futoshi Matsumoto, The World Order and a New

'Behemoth', Asia-Pacific Review, Vol.22, 2015

9 永井陽之助『冷戦の起源――戦後アジアの国際環境―』、中公クラシックス、二〇一三年、二〇頁

10 Syria's President Speaks A Conversation with Bashar al-Assad, Foreign Affairs, March/April 2015

11 グラハム・アリソン、ロバート・D・ブラックウィル、アリ・ウィン『リー・クアンユー、世界を語る』、倉田真木訳、サンマーク出版、二〇一三年、二五〜二六頁

12 華夷秩序とウェストファリア秩序の問題については、以下を参照。中西輝政『帝国としての中国』、東洋経済新報社、二〇〇四年

13 前掲書『リー・クアンユー、世界を語る』、二八頁

14 ケネス・ウォルツ『国際政治の理論』、河野勝ほか訳、勁草書房、二〇一〇年、一五五頁

15 G.John Ikenberry, Power, Order, and Change in World Politics, 2014, p.105

16 G.John Ikenberry, Power, Order, and Change in World Politics, 2014, p.106

17 Robert Kagan, Superpowers Don't Get to Retire, New Republic, May 27, 2014

18 Robert Kagan, The World America Made, 2012

19 G・ジョン・アイケンベリー『リベラルな秩序か帝国か（上）』、細谷雄一監訳、勁草書房、二〇一二年、一三頁

20 以下の世界平和研究所ホームページを参照。http://www.iips.org/research/2015/04/08132339.html

21 「社会主義の核心的価値観」とは、習近平が総書記に就任した二〇一二年の第一八回党大会で提案された一二項目からなる価値観。中国の伝統に基づく価値観とされている。その後、中国共産党中央弁公丁が国家、社会、個人に分けて定義した。国家には富強、文明、民主、調和、社会には自由、平等、公正、法治、個人には愛国、勤勉、誠実、友善があるという

22 Henry Nau, Conservative Internationalism: Armed Diplomacy under Jefferson, Polk, Truman, and Reagan, Princeton University Press, 2013, p.9

23 Niall Ferguson, The War of the World: Twentieth-Century Conflict and the Descent of the West, 2006

24 Paul Kennedy, Strategy and Diplomacy 1870-1945, Fontana Press: London, 1983, chapter 1

25 Paul Kennedy, The Tradition of Appeasement in British Foreign Policy 1865-1939, 1976

26 John J. Mearsheimer, Don't Arm Ukraine, The New York Times, Feb. 8, 2015

27 James Holms and Toshi Yoshihara, Getting Real about Taiwan, The Diplomat, March 7, 2011
28 Eyre Crowe, Memorandum on the Present State of British Relations with France and Germany, Foreign Office, January 1, 1907
29 高坂正堯『海洋国家日本の構想』、中公クラシックス、二〇〇八年、二三七頁
30 前掲書、二三八頁
31「海舟日記」、『海舟全集　第九巻』、改造社、一九二八年、一一三頁
32 Statement of Admiral Samuel J.Locklear, U.S.Navy Commander, PACOM, before the Senate Committee on Armed Services on U.S. Pacific Command Posture, on March 25, 2014.
33 Paul S. Giarra, China's Maritime Salient, p.280, Competitive Strategies for the 21st Century Theory, History, and Practice 2012
34 Andrew F. Krepinevich Jr., How to Deter China The Case for Archipelagic Defense, Foreign Affairs, March/April, 2015
35 ジュリアン・コルベット卿の評価については次を参照。ジェフリー・ティル「コルベットとイギリス流の海戦方法」、立川京一ほか編著『シー・パワー：その理論と実践』、芙蓉書房出版、二〇〇八年、第2章
36 中国のＡ２／ＡＤ戦略を踏まえた米国における議論においても、潜水艦の戦闘能力に着目した議論は多い。たとえば次の論考を参照。J. Randy Forbes and Elbridge Colby, We're Losing Our Military Edge Over China. Here's How to Get It Back, The National Interest, March 27, 2014, 電子版
37 領域警備の議論については次を参照。道下徳成「自衛隊のシー・パワーの発展と意義」、前掲書『シー・パワー：その理論と実践』、第7章
38 たとえば以下を参照。Chinese Coastguard Building New Base Close to Senkakus, Andrew Tate and James Hardy, IHS Jane's Defense Weekly, June 16, 2015
39 次の台湾に関する米国の有識者の議論が代表的。John Measheimer, "Say Goodbye to Taiwan", The National Interest, Feb. 25, 2014, 電子版
40 Christopher Layne, The (Almost) Triumph of Offshore Balancing, The National Interest, Jan. 27, 2012
41 この点については以下を参照。Dan Blumenthal, The U.S. Response to China's Military Modernization, China's

Military Challenge, Strategic Asia 2012-13, p.316

42 Thomas C. Schelling, The Strategy of Inflicting Costs, 1967

43 競合戦略については以下を参照。Competitive Strategies for the 21st Century: Theory, History and Practice, ed. by Thomas G. Mahnken, 2012

44 Michael Pillsbury, The Hundred-Year Marathon: China's Secret Strategy to Replace America As the Global Superpower, 2015

45 この点については、次を参考にした。リタ・マグレイス『競争優位の終焉』、鬼澤忍訳、日本経済新聞出版社、二〇一四年

46 第三のオフセット戦略については、次を参照。Robert Martinage, Toward a New Offset Strategy: Exploiting U.S. Long-Term Advantages to Restore U.S. Global Power Projection Capability, Center for Strategic and Budgetary Assessments, October 27, 2014

47 William S. Murray, Revisiting Taiwan's Defense Strategy, Naval War College Review, Summer 2008, Vol. 61, No. 3

48 たとえば以下を参照。Junichi Fukuda, Denial and Cost Imposition: Long-Term Strategies for Competition with China, Asia-Pacific Review, Vol.22, 2015

49 ラインハルト・ゲーレン『諜報・工作――ラインハルト・ゲーレン回顧録』、赤羽龍夫監訳、読売新聞社、一九七三年、一一一頁

50 Sir Ernest Satow, A Guide to Diplomatic Practice, 1932

あとがきにかえて

偽善者たちの「戦争反対」

想像してみてください。

わずか四年の内に日本の全人口の一パーセント以上の一七〇万人が殺され、全人口の五分の一にあたる二五〇〇万人が国外で難民となり、四〇〇〇万人近くが国内避難民となる事態を。そして、日本のほとんどの地域で近隣諸国の支援を受けた各派による戦いが継続し、東京にすら迫撃砲の砲弾が毎日のように降り注ぐ情景を。

しかし、そのような事態が突如として日常になってしまった国があります。シリアです。シリアでの犠牲者は三〇万人とも言われます。近隣国に避難したシリア難民は正式に登録された者だけでも四六〇万人（二〇一五年一二月末、UNHCR統計）になろうとしています。シリアでは七六〇万人が国内避難民となるとともに、四五六万人が人道上の危機に直面しています。そしてシリアの首都ダマスカスにすらも迫撃砲が落ち、死傷者がでています。人口二二五〇万人ほどのシリアは、「戦争」の只中にあります。

それに、その戦争から抜け出す手掛かりが、いくら首をひねっても出てこないとすれば、絶望しないほうが不思議でしょう。あなたが世界の人々と同じ言葉で心から戦争反対を叫ぼうとするならば、シリアでの戦いを食い止めようとする覚悟が必要なのです。そうでなければ、シリアの人々はあなたを偽善者だと糾弾するでしょう。それほどまでにシリアの状況は深刻なのです。どうか日本はシリアから遠くてよかったなどと言わないでください。シリアの問題はすでに「わたしたちの問題」なのですから。

戦争反対を叫ぶことができる日本とは異なり、現在のシリアでは「戦争」に対して反対の声をあげることもできません。なぜなら、生き残るためには敵と戦わなくてはならないと多くの人々が確信しているからです。ちょうど宗教改革の嵐の後で、トマス・ホッブズが自然状態の中では「万人の万人に対する戦い」が行われると記したように。

世界の多くの地域で起きている現代の「戦争」は、第二次世界大戦で行われたような国家間の総力戦とは、もはやまったく異なったものになっています。シリアでの戦いもその一つです。

もともとシリア国内での騒乱だったものが、アサド大統領がかつて呼んだとおり、国外勢力が関与する「真の戦争」になりつつあります。そのような新しい戦争を終わらせ平和を希求することが、世界と共存する私たちに課せられた重い課題なのです。

二〇一五年六月上旬にエジプトのカイロで開催された、シリアの反体制派各派を一堂に集めた会議で一つの声明が出されました。その中にある次の文章は、シリア問題の本質を明瞭に物語っています。

シリアでの紛争が長引いている原因は、民衆革命とその正当な要求を否定する体制側の主張および血なまぐさい暴力を増大させる軍事・治安上の対応にある。これに加えて、シリア問題解決に対する国際社会のためらいにある。

シリア問題は、その複雑化と軍事化の双方において著しい変化を遂げてきた。体制側、過激派およびテロリスト勢力の政策、さまざまな干渉の結果によって生まれたこの変化は、シリアを地域諸国および国際的な対立の閉ざされた場へと変質させた。その結果、シリア紛争の性質を暴力と宗派対立によって変えてしまった。

この紛争はシリアと地域全体にとって脅威であり、対峙するいずれの側にとっても軍事的な勝利が不可能となった。紛争は最も不明瞭な構造へと向かいつつある。そこではシリアがその国家、国民を問わず、最大の敗北者なのだ。

戦いが続く第一の理由は、現在シリアで戦いを続けている人々には、戦いをやめるという選択肢がそもそもないからです。

反体制派の戦闘員たちはアサド体制を打倒せんと死闘を続けています。中でもイスラム主義勢力は、戦いを進め自らのイデオロギーに基づく支配を拡大させることを狙っています。自由シリア軍を代表とする比較的世俗的な反体制派も、イスラム主義勢力と協力をしつつ、体制打倒に死力を尽くしています。

また、ダーイシュの戦闘員たちは、過激なイスラム主義をシリア全土に広めんと、あらゆる

「異端者」との戦いに従事しています。彼らは、アルカーイダ組織であるヌスラ戦線とも、その他のシリア反体制派と戦うことにも遠慮はありません。さらには、シリア国家が崩壊しつつある中で、少数民族のクルド勢力は民族の自治を求めて、ダーイシュと戦っているのです。

一方で、アサド政権を支持しているアラウィ派の人々の間には、この戦いに負ければ民族浄化の運命が待っているとの恐怖感が支配しています。彼らは、隣のイラクで、サッダーム・フセイン下のスンニ派のバアス党員たちが、イラク戦争後にどのような運命をたどったのかをよく知っています。

このように戦いへの強い意志を主要なアクターのそれぞれが有する限り、いくら国際社会が政治的な解決しかないことを教え諭そうと、うまくいかないのは当然です。

大きな悲劇の始まりに誰もが目をつぶる

シリアで戦いが続くもう一つの大きな理由は、国際社会全体のシリアへの関心が残念ながら不十分だからです。世界はすでに多くの問題で溢れかえっています。そのような状況では、そもそも解決不可能とも思われるシリア問題の核心に関与しようという国際的なモメンタムがいまだ十分にないとしても、何ら不思議はないのです。

たしかに、国際社会はダーイシュを撲滅することに立ち上がりました。米国を中心とする空爆がダーイシュの伸張を食い止めていることも確かです。オバマ大統領は二〇一五年七月六日に行われたペンタゴンでの記者会見で、次のとおり指摘しています。

ダーイシュは、イラクで奪取した地域の四分の一以上を失い、シリアでもコバーニを失くした。最近ではシリア北部でもテルアブヤドを含めて、ダーイシュの根拠地のラッカへの主要な補給線を断つなど、ダーイシュに損害が生じている。

同時に、オバマ大統領は、この戦いが長い戦いになることも率直に認めています。しかし、ダーイシュを撲滅することと、シリア内戦を終結させることを同時に進めない限り、ダーイシュが力の空白を衝いてその勢力を温存しようとすることも確かでしょう。ダーイシュ撲滅とシリア国家の再生は表裏一体の関係にあるからです。シリア問題に国際社会が本腰を入れなければ、ダーイシュが壊滅したとしても、その代わりとなる過激なイスラム主義組織が、近い将来に次から次へとシリアから誕生することになるでしょう。そして、ダーイシュよりもひどいテロを起こすおそれすら覚悟せねばなりません。

国際社会は、わたしたち自身が最後のつけを払ってはじめて、目が覚めるのでしょうか。今、中東アフリカや欧州、さらに東南アジアでも起きている一連のテロが、大きな悲劇の始まりにしかすぎないことに、誰もが目をつぶって見ぬふりをしているように。

シリアで戦いが続く三番目の理由として、地域諸国の焦り、より正確には恐怖があることも否定できません。サウジアラビアやカタールがシリア反体制派、それもイスラム主義勢力にまでさまざまな支援を強化していることは、今や周知の事実です。これに対して、イランとヒズボッラーは、アサド政権に対して継続的な支援を続けています。この背景には、明らかに地域の覇権をめぐる争いが地域諸国の指導者の心理を支配していることを指摘できます。

新たな武器がシリアに流れ込めば流れ込むほど、戦闘が激しくなるのは当然です。それはいかなる武装組織への支援であれ同様です。すなわち、シリア各派への地域諸国からの支援がシリア国内における宗派対立に油を注ぎ、シリア社会を分裂させ、これまでに存在しなかったレベルでの宗派間の対立感情を高めつつあるのです。この点でシリア紛争について、最初から訳知り顔でシーア派とスンニ派の宗派対立のせいなのだと説明することは間違いなのです。地域諸国のパワー対立が、結果としてシリアでの宗派対立を助長しています。

中長期的に最も深刻な問題は、もともとアサド体制の下でムスリム同胞団を徹底的に抑えつけることによって達成された比較的世俗的な社会そのものが、戦いの深まりにつれて、イスラム主義者の台頭に見られるように過激な宗教性を帯びつつあることです。

筆者の知り合いのシリア北部イドリブ出身のシリア人ジャーナリストは、イドリブに住む四歳の子供を持つ一人の親友の話をしてくれました。その友人は、イドリブがアサド体制側から最近解放されたにもかかわらず、結局、ヌスラ戦線やその他の過激なイスラム主義者が支配することになり、電気も水もなく、子供の学校さえ破壊されてしまったことを嘆き、もうここには住むことができないと、将来への絶望をスカイプを通じて吐露していたと言うのです。

シリアの戦争については、モザイクのような宗派対立の特徴を捉えて、シリアの「レバノン化」現象が議論されています。一方、レバノンより数倍も大きなシリアを考えるならば、レバノン化というよりも「バルカン化」と言う方がふさわしいかもしれません。より正確にはシリアの「ガザ化」なのかもしれません。一八〇万人のパレスチナ人が閉鎖された状況で暮らすガザでも、過激なイスラム主義勢力が伸張しています。国際社会から見放され、四方を壁に塞がれ、自由と希望を失った人々には、結局、過激化するしか選択肢は残されないのです。

しかし、シリアはガザよりもはるかに大きく、四方を壁で覆うこともできません。シリアはガザになることもできないのです。このような状況を放置するならば、世界の歴史は私たちを断罪するに違いありません。私たちは為す術もなく歴史の逆襲をまたしても甘受するのでしょうか。

生命の前で私たちは目を開く

シリアの近隣諸国から溢れ出たシリア難民が大挙して欧米諸国へと向かっていることは、こうした現実を物語っています。トルコからギリシャに渡ろうと、溺死した三歳のシリア難民の子供がもたらした衝撃は、世界を変えようとしています。同時に、パリやベイルート、イスタンブールなどでの一連のテロが生んだ犠牲は、国際社会を突き動かしつつあります。

現在、ウィーンでのシリアに関する政治会合の動きを受けて、改めて「ジュネーブ・プロセス」がようやく動き出しました。二〇一五年末に国連安保理は新たな安保理決議を発出し、シリアに移行政権を樹立すべくシリア各派による対話を促しています。

この一月末よりジュネーブで国際社会の支援を受けて、シリアの和平交渉がようやく再開されました。ただし、各派が政治的な妥協を行う状況には依然としてなく、現地での戦闘は間断なく続いており、予断はまったく許されません。人道危機は極限に達しようとしています。一時的な停戦すら難しく、いわんや永続的な平和を直ちに期待することはできません。

平和に向けて私たちに課せられた真の挑戦とは、このような絶望の極限の中でも、忍耐強く出口を見出そうとすることなのです。

かつて英国の詩人ジョン・キーツは、「短気に事実や理由を求めることなく、不確かさや、不可解なことや、疑惑ある状態の中に人が留まる」力のことを、「ネガティブ・ケイパビリティ」と呼び、詩人の詩的創造力に必要不可欠であることを指摘しましたが、世界の秩序が混乱する現在、私たちの誰にも、そのような真実に迫る忍耐力が必要とされています。

一方で、このような極限状況においても、人間の命の強さを感じることもあります。

筆者が訪れたヨルダン北部にあるザアタリ難民キャンプでは、毎日一〇人から一五人のシリア難民の子どもたちが元気な産声をあげています。この四年でその赤子の数は五〇〇〇人を超えました。レバノンのベイルートの海岸で筆者が出会った、シリア南部のダラアから逃げてきた靴磨きの少年は、父を戦争で亡くし、母と幼い兄弟を抱えて靴磨きをしながらたくましく生きています。

戦争と平和をめぐる日本国内の幾多の議論や、世界で交わされているシリアをめぐる大言壮語は、このような強い生命力のリアリティの前では、そのいずれも沈黙せざるをえないでしょう。

私たちは、今度こそより目線を低くして、本当の真実を見極めねばなりません。そして、世界への責任と連帯を、私たち自らの行動で明らかにする必要があります。その理由は至極単純です。そうしなければ、この荒れ狂う世界では私たち自身も生き残れないかもしれないからです。

＊　＊

世界平和研究所に出向中に本書を脱稿できたのも、知的インスピレーションを与えていただいた研究所の皆さまのお陰によるものであり、心からの感謝の気持ちをここに記したいと思います。御年九七歳になられる中曽根康弘会長には、筆者のオフィスから一〇歩ほどの至近距離で見守っていただき、国家指導者の息吹を傍で感じることができたことは、筆者にとり得難い経験でした。

また、筆者の学生時代より現代の中東を多角的な視点で見ることの大切さを教えていただいた恩師、山内昌之先生と、現代の平和と戦争をめぐる最前線で日々の任務にあたっている、外務省の諸先輩や同僚たちへの感謝も、改めてここに記しておきたいと思います。

世界が混乱の極限に陥りつつある今こそ、静かに考え続けることが何よりも必要とされていることを教えられたのは筆者自身であることを最後に告白し、筆を置きます。

平成二八年二月一日

松本　太

ジュネーブにて

松本 太（まつもと・ふとし）
1965年生まれ。東京大学教養学部アジア科卒業後、1988年外務省入省。中近東第一課課長補佐、内閣官房安全保障・危機管理室参事官補佐、OECD代表部一等書記官、在エジプト大使館参事官、内閣情報調査室国際部主幹、国際情報統括官組織国際情報官、世界平和研究所主任研究員（出向）などを歴任後、2015年10月から駐シリア臨時代理大使としてヨルダンに赴任する。著書に『ミサイル不拡散』（2007年、文春新書）がある。

世界史の逆襲
──ウェストファリア・華夷秩序・ダーイシュ

2016年2月23日　第1刷発行

著　者　松本 太

発行者　鈴木 哲

発行所　株式会社 講談社

東京都文京区音羽2-12-21　〒112-8001
電話　編集　(03)5395-3522
　　　販売　(03)5395-4415
　　　業務　(03)5395-3615

本文データ制作　講談社デジタル製作部

印刷所　慶昌堂印刷株式会社

製本所　株式会社国宝社

ISBN978-4-06-219881-3　N.D.C.209　286p　19cm